Ulrich C. Renner

Wir Kinder aus Stade-Süd
Geschichten aus einer anderen Zeit

Ulrich C. Renner

Wir Kinder aus Stade-Süd

Geschichten aus einer anderen Zeit

Rediroma-Verlag

Bibliografische Information der Deutschen Nationalbibliothek:
Die Deutsche Nationalbibliothek verzeichnet diese Publikation in der Deutschen Nationalbibliografie; detaillierte bibliografische Daten sind im Internet über http://portal.dnb.de abrufbar.

ISBN 978-3-98527-226-6

www.rediroma-verlag.de
9,95 Euro (D)

Inhalt

Fast wie ein Vorwort

Zugegeben, das Schreiben ist nun wirklich nicht meine große Stärke. Doch da befinde ich mich ja in allerbester, prominenter Gesellschaft. Tatsache ist, dass Jahr für Jahr Bücher geschrieben werden und auf den Markt kommen, die kaum jemand liest und keiner braucht. Da kann mein Versuch schwerlich jemanden schockieren. Ist es doch weder ein Meisterwerk noch eine literarische Offenbarung, keine tiefgründige, philosophische Abhandlung und auch keine theologisch fundierte Betrachtung. Ein Büchlein frei von Fremdwörtern, die man erst im Lexikon suchen muss. Ich habe weder ein Studium in Literatur, Philosophie, Theologie oder sonst einen akademischen Grad. Dennoch möchte ich für meinen Sohn, der mich darum gebeten hat, in einfachen Worten etwas aus meiner Kindheit bzw. Jugendzeit erzählen. Natürlich haben die Kinder damals anders gesprochen als die Kids von heute. Keiner wollte für mich dieses Vorwort schreiben. Anfragen bei Verwandten blieben ohne Erfolg. Auch von Prominenten aus Film und Fernsehen erhielt ich nur Absagen. Die Zusagen von Florian Silbereisen und Horst Lichter habe ich allerdings dankend abgelehnt.

Dieses Büchlein beinhaltet einige kleine Geschichten, die ohne Altersangaben von mir sind. Ich könnte sie aus heutiger Sicht auch nicht mehr bestimmten Jahreszahlen zuordnen. Also braucht man es nicht wie einen Roman oder Krimi zu lesen. Aber lesen müssen Sie diese Kuriosität schon, habe ich mir doch unendliche Mühe gegeben. Nicht nur für meinen Sohn, sondern auch für Sie, liebe Leser und Leserinnen.

Flugplatz mit Block 5

Es gibt kluge Menschen, die haben für das aus dem Märchenbuch, die Bibel, bekannte „Paradies“ viele Bezeichnungen. Garten Eden, Zauberland, Traumland, Dorado usw.

Wir kannten dafür nur zwei Bezeichnungen: Flugplatz und Stade-Süd. Wir, das waren die kleinen und großen Kinder der Flüchtlingsfamilien. Für die Erwachsenen war es ein Provisorium. Man hatte zwar ein Dach über dem Kopf, musste nicht frieren, nicht hungern und hatte den Krieg überlebt. Für sie gab es daher ein anderes Zauberwort. Aufbau! Die schnell umgebauten ehemaligen Unterkünfte der Fliegersoldaten hatten erhebliche Mängel. Durch die jahrelangen Witterungseinflüsse wurden die Wohnungen nie richtig trocken und es bildete sich Schimmel, trotz intensiven Lüftens. Einige Flüchtlinge aus den ehemaligen Kriegsgebieten arbeiteten schon wieder in ihren alten Berufen und bauten sich neue Geschäfte auf. Und so gab es in Stade-Süd fast alles, was man zum Leben brauchte. Einkaufsmöglichkeiten für Lebensmittel aller Art, Poststelle, Friseur, Schlachter, Schuhmacher, Kohlenhändler usw.

Natürlich hatten wir auch eine Schule und einen Kindergarten. Sogar ein relativ großes Krankenhaus. Richtige Spielplätze mit Schaukel, Wippe, Rutsche und Sandkasten suchte man aber vergebens. Einige Sandkisten fand man schon. Hunde- und Katzenklos nannten wir sie. Aber wir brauchten ja auch keine Spielplätze. Hatten wir doch welche in Hülle und Fülle in nächster Umgebung. Da war der Sportplatz mit den vielen Mirabellenbäumen, der Bahndamm mit den Ginsterbüschen, die zum Zündeln anregten, das Rollfeld mit den sehr großen Rohren der Kanalisation, das Strohlager in der ehemaligen Werkhalle, der Heidbach, der Stüwensee mit dem kleinen Wäldchen in der Nähe und die ewig brennende, schwelende Müllkippe, die besonders bei uns Jungs beliebt war. So waren wir also, wenn das Wetter es zuließ, draußen in der Natur und nur der Hunger trieb uns in Mutters Küche.

Von den vielen kleinen und großen Erlebnissen und Ereignissen in meinem „Paradies" habe ich einige aufgeschrieben, weil mein Sohn mich darum gebeten hat. Alle Schilderungen habe ich im Präsens verfasst, damit sie etwas anschaulicher und spannender daherkommen.

Zu Ehrlichkeit gehört, dass die Erzählungen alle einen waren Kern haben. In einigen Passagen aber sind mir doch die Gäule durchgegangen. Soll heißen, die Fantasie spielt hier auch mit. Personen und Namen, die in den Geschichten vorkommen, sind teilweise erfunden. Bei den fast wahren Geschichten allerdings stimmen sie, wenn auch ziemlich verfälscht.

Die ganzen Anekdoten sind zum Lesen, Vorlesen und Schmunzeln gedacht. Da keine Person in den Geschichten einen ernsthaften Schaden erlitten hat und auch keine besonderen Werte zerstört wurden, glaube ich, dass alle Missetaten ohne strafrechtliche Konsequenzen bleiben. Sie sind schließlich alle längst verjährt. Auch sollen die Erzählungen nicht Kinder und Jugendliche zur Nachahmung animieren.

Wir sind Weltmeister

Wir schreiben das Jahr 1954. Genauer gesagt den 04. Juli 1954. Deutschland hat trotz der peinlichen Niederlage in der Vorrunde gegen die Ungarn das Endspiel erreicht.

Auch im Endspiel in Bern ist der haushohe Favorit wieder Ungarn. Die 8:3 Niederlage gegen die Ballzauberer hat noch keiner vergessen. Mit gemischten Gefühlen versammeln sich unsere Väter auf dem Flur vor der Waschküche im ersten Obergeschoss. Mit den mitgebrachten Stühlen bilden sie einen Halbkreis vor dem Radio, das sie auf einem Hocker platziert haben. Der Lautstärkeregler des Volksempfängers ist bis zum Anschlag aufgedreht. Also maximale Lautstärke. So können auch wir Kinder im gebührenden Abstand die Reportage von Herbert Zimmermann aus Bern verfolgen. In der sechsten Minute geht Ungarn in Führung und wenig später, in der achten Minute, erzielen sie das 0:2.

Von der anfänglichen Begeisterung ist nun kaum noch etwas zu spüren. Einige fluchen über den Trainer Herberger, der doch wieder mal eine völlig falsche Mannschaft in das Spiel geschickt hat. Ein „Frustbier“ nach dem anderen wird geleert. Einige ziehen sich bei der Hitze ihre verschwitzten Oberhemden aus und sitzen nun im gerippten Unterhemd auf ihren Stühlen. Andere wollen sich diese nahende Katastrophe nicht weiter mit anhören und verschwinden in ihre Wohnungen.

In diesem Moment geschieht etwas Unglaubliches. Deutschland schießt den Anschlusstreffer zum 1:2 und in der 18. Minute sogar das 2:2.

Nun ist alles wieder offen und möglich. Keiner der Männer redet mehr. Alle sitzen nun wie gebannt vor dem Radio und lauschen der Stimme von Zimmermann.

„Rahn müsste schießen", kommt seine aufgeregte Stimme aus dem Lautsprecher. Und Rahn schießt!

„Tor, Tor, Tor", überschlägt sich nun seine Stimme. Die Männer jubeln und strecken die Arme zur Decke. Sie stoßen mit ihren Bierflaschen an und sind völlig aus dem Häuschen.

Deutschland führt 3:2 gegen Ungarn. Aber noch sind sechs Minuten zu spielen und die Ungarn setzen alles auf eine Karte. Turek hält die gefährlichsten Torschüsse. „Toni, Toni, du bist ein Fußballgott", vergreift sich Herbert Zimmermann ein wenig in seiner Reportage. Nach einer gefühlten Ewigkeit hören die Männer und wir Kinder die sich fast überschlagende Stimme des Kommentators. „Aus, aus, aus, das Spiel ist aus."

Deutschland ist Weltmeister. Die Männer springen auf, jubeln und umarmen sich. Fast alle Männer haben Tränen in den Augen. Einige heulen wie kleine Kinder und schämen sich nicht. Für diese Männer ist es, nach dem verlorenen Krieg mit Verwundungen, Entbehrungen, Gefangenschaft und schlimmen Erlebnissen, ein Tag voller Freude und Dankbarkeit.

Wir Kinder flüchten nach dem Schlusspfiff schnell wieder aus dem verqualmten Flur und verabreden uns für den morgigen Tag zum Fußballspielen hinter den Ställen.

Ich bin Rahn

Nach dem Abendessen sollen wir heute besonders früh ins Bett. Meine Eltern haben sich ein befreundetes Ehepaar eingeladen. Zur Siegesfeier, meinen sie. Die ist auf den Fluren schon im vollem Gange. Block 5 feiert die Fußballweltmeisterschaft. Laute Musik und viel Alkohol.

Lange kann ich nicht einschlafen bei diesem Radau, wache aber zum Glück rechtzeitig am nächsten Morgen auf. Habe sofort unsere Verabredung im Kopf. Katzenwäsche ist angesagt. Ich schlinge schnell mein Frühstücksbrot herunter, lasse die halbe Tasse warmen Kakao stehen und flitze wie der Blitz ab nach draußen. Alle sind schon hinter den Ställen versammelt und streiten sich wie die Bierkutscher. Jeder möchte Rahn sein. Ist doch klar. Der zweifache Torschütze von gestern ist der Liebling der Massen. Peter Seibert hat seine kleine Transuse Karin mitgebracht. Ihm ist es egal, wer er sein soll. Posipal, Eckel oder Schäfer. Wichtig ist ihm nur, dass seine Schwester mitspielen kann. Nach anfänglichen Protesten stimmen wir zu. Ich habe nun eine Idee, wie wir den Streit um die Person Rahn beenden können.

Anwesend sind Hühnchen, Hawi, Wolfgang Dobel, Manfred Heise, die zwei Seiberts und ich. Dazu hole ich meine Streichholzschachtel aus der Hosentasche, die ich mir gemopst und immer bei mir habe. Hole fünf Hölzer aus der Schachtel und köpfe bei einem Hölzchen den roten Kopf.

„Wer das Streichholz ohne Kopf zieht, ist Rahn“, erkläre ich den Jungs und stecke alle Hölzchen in meine linke Hand. Zuerst ist Hawi dran. Niete! Hühnchen zieht auch eine Niete. Ebenso Wolfgang. Jetzt wird es spannend.

Manfred und ich sind noch übrig. Zwei Hölzer halte ich noch in der Hand. Manfred zupft und verzieht im selben Moment sein Gesicht. Ich bin Rahn und hüpfe wie ein Känguru um die Klopfstange, die ja unser Tor darstellt.

„So ein richtiger Platz ist das aber eigentlich nicht", bemerkt Hawi und meint, wir müssen unbedingt einen Strafraum und einen Elfmeterpunkt darstellen.

„Wie, darstellen?", fragt Wolfgang.

„Na abkreiden, wie die Großen auf dem Sportplatz", erklärt Hawi weiter.

„Und woher möchtest du wohl die Kreide hernehmen?" ,ist die berechtigte Nachfrage von Peter.

„Na, vom Sportplatz natürlich. Da ist ja wohl genug auf dem Rasen", erläutert Hawi.

„Dann man los, ihr lahmen Enten", sporne ich jetzt das Traumteam an. Große Pleite. Auf dem Spielfeld hat der Regen der letzten Woche alle Kreide weggespült.

„Und jetzt sehen wir aber alt aus", kichert Wolfgang und möchte schon umkehren.

„In dem Geräteschuppen hinten rechts steht der Kreidewagen und jede Menge Kreide in Säcken", kann ich die Jungs ermuntern.

„Aber da ist doch ein riesiges Schloss an der Tür", erkennt Hühnchen.

„Kein Problem für mich", erwidert Peter. „Habe schon so einige Schlösser geknackt", gibt er an. Suchend geht nun Peter in Richtung der Baumreihe und kommt mit einem kräftigen Knüppel Altholz wieder. Er steckt ihn hinter den Riegel, drückt einmal kräftig und das Schloss hat verspielt.

„Keine deutsche Wertarbeit", bemerkt Hawi.

Wir öffnen die Tür und finden tatsächlich einige Säcke

mit Kreide. Einen angebrochenen Sack nimmt Manfred auf seine Schulter.

Als wir gerade die Tür schließen wollen, findet unsere kleine Karin in einer großen Kiste einige Lederbälle.

„Ich werde nicht wieder“, prustet Wolfgang.

„Die bleiben hier“, bestimme ich nun.

„Bist du bescheuert? So eine Gelegenheit kommt nie wieder“, sagt Hawi.

„Mehrheit siegt“, meint Peter. Ich werde überstimmt. Peter nimmt einen Lederball und versteckt ihn unter seinem Hemd.

„Reine Vorsichtsmaßnahme“, erklärt Peter. „Wir müssen doch noch bei unserem Walross Gabrisch, dem Polizeimeister, vorbei“.

„Der sieht doch eh nichts“, lacht Hawi und hält sich die Hände vor die Augen. Das Fahrrad von unserem Polizisten steht nicht vor seiner kleinen Polizeiwache. Also ist die Luft rein, bemerken wir.

„Nun aber schnell die Linien mit Kreide ziehen“, treibe ich die Trantüten an. Der Elfmeterpunkt ist natürlich nur sieben Meter vom Tor entfernt. Auch der Strafraum ist erheblich kleiner als das Original.

Endlich kann das Spiel beginnen. Zwei Mannschaften je drei Spieler werden gewählt. Drei Angriff, drei Abwehr und Karin im Tor. Schon der erste Angriff führt zum Erfolg. 1:0 für die Mannschaft Hühnchen.

Dann foult Peter Hawi im Strafraum und es gibt Elfmeter. Ich lege mir den Ball auf den Punkt, nehme Anlauf und knalle die Pille mit voller Wucht Richtung Tor.

Treffer ja. Aber nicht ins Tor, sondern an Karins Kopf. Augenblicklich ertönt ein Schrei und Karin stürzt zu Boden.

Heulend läuft Karin nun ihrem großen Bruder in die Arme.

„Das hast du nicht umsonst gemacht, du Blödmann“, stürmt Peter auf mich zu. Im letzten Moment halten Wolfgang und Manfred den Wüterich fest und versuchen ihn zu beruhigen. Ich hebe beide Arme als Zeichen, dass ich das nicht mit Absicht getan habe.

„Ist schon gut“, sagt Peter versöhnlich. „Aber guck dir meine Schwester an. Das blaue Auge und die blutende Nase wird sie nicht so schnell vergessen.

„Torfrau werde ich bestimmt nicht“, verspricht Karin für alle Zeit.

„Ohne einen Torwart können wir das Spiel aber vergessen“, tue ich meine Meinung kund. Alle nicken und erklären das Spiel für beendet.

„Morgen ist auch noch ein Tag für ein neues Spiel. Aber ohne die Heulsuse“, gluckst Hawi. Wir trennen uns und gehen nach Hause.

An der Waschküchentür erwischt mich meine Mutter. „Wie siehst du bloß aus? Wie ein Schwein, das sich im Dreck gesuhlt hat. Das Hemd und die Hose bekomme ich ja nie wieder sauber“, überhäuft sie mich mit Vorwürfen. „Ich habe noch warme Lauge in der Wanne. Da legst du dich gleich mit Hemd und Hose rein. Hoffentlich wird so gleich beides sauber“, befiehlt nun meine strenge Mutter.

Ich hüpfe in die Wanne und finde es ganz angenehm in der warmen Brühe. Meine Mutter kommt nach kurzer Zeit mit meinem Bademantel und hilft mir aus der Wanne. Ich ziehe die nassen Klamotten aus und den Bademantel an.

„Du kannst dich im Wohnzimmer auf das Sofa legen und dich mit der Decke zudecken“, schlägt mir meine Mutter vor. Der Vorschlag ist ganz in meinem Sinne und so haue ich mich mit Karacho auf die Couch. Als ich auf den Tisch schaue, traue ich meinen Augen nicht.

Ein Stück Schokolade und zwei Kekse liegen dort für den besten Fußballer H. Rahn. Das auch noch vor dem Mittagessen. Es kann doch noch ein schöner Tag werden, denke ich, lege mich gemütlich zurück und schließe die Augen.

Als meine Mutter kommt, schläft der große Fußballer und träumt von vielen Toren in der Deutschen Nationalmannschaft.

Grenzwertig

„Habt ihr eigentlich schon mal darüber nachgedacht, warum eigentlich ein Zaun zwischen Block 5 und Block 3 steht?“, frage ich meine beiden Freunde.

„Das ist ja wie eine Grenze. Vielleicht sollen wir nicht die Erdbeeren oder die Mohrrüben klauen, die die Mieter von Block 3 im Vorgarten gepflanzt haben“, meint Hühnchen lachend.

„Geht doch gar nicht, die würden uns doch sofort sehen können“, bedenke ich.

„Warum gibt es nach Block 3 nicht Block 4, sondern gleich Block 5“, fragt Hawi wie ein Kleinkind.

„Unser Hawi hat mal wieder sein bisschen Gehirn abgeschaltet. Leichte Schläge auf den Hinterkopf erhöhen das Denkvermögen“, neckt ihn Hühnchen und klopft mit flacher Hand auf Hawis Hinterkopf .

„Links von der Hauptstraße sind die ungeraden und rechts die geraden Nummern. Geht das in deinen Hohlkopf rein?“, will ich von Hawi wissen. „Treten und wild umherschlagen brauchst du deshalb nicht“, versuche ich ihn zu beruhigen.

„Ist ja schon gut“, lenkt Hawi ein.

Wann immer das Wetter es zulässt, ist Frau Strobel mit ihrem Motorrad beschäftigt. Eine schwere Maschine mit Beiwagen wird gewissenhaft gewartet. Die Chromteile müssen blitzen und an den Rädern darf kein Krümel Schmutz mehr zu sehen sein.

„Ich durfte schon mal eine kleine Strecke selber fahren, fast bis nach Riensförde“, brüstet sich Rolf. Man kann sehen, wie stolz er auf seine Mutter ist, wenn sie sich in ihrer ledernen Motorradkluft zur Abfahrt fertig macht. Wuchtige Schaftstiefel mit Stahlkappen, Stulpenhandschuhe, Lederhaube und die wichtige Motorradbrille lassen dann keine Frau mehr hinter der Montur vermuten. „Ist sehr praktisch, so ein Beiwagen. Besonders beim Einkauf", lässt uns Rolf wissen. „Meine Mutter kann sehr gut fahren. Sogar ein kleines Kunststück mit dem Krad beherrscht sie", macht Rolf uns neugierig.

„Das würden wir gerne mal sehen. Kannst du deine Mutter mal überreden, dieses Manöver zu fahren", setze ich Rolf etwas unter Druck.

Als wir sehen, dass seine Mutter nickt und sich startbereit macht, platzen wir fast vor Neugier. Doch erst muss noch reichlich Platz auf dem Hof hinter Block 5 geschaffen werden. Die Gartentische und Stühle werden zur Seite gestellt. Ein großer Mülleimer wird in der Mitte der Fahrstrecke aufgestellt. Das satte Motorengeräusch der schweren Maschine zieht nun alle Blicke der Zuschauer auf die Fahrerin, die sich in die Startposition begibt. Dann gibt sie gewaltig Gas und rast mit ihrem Beiwagengespann direkt auf die Tonne zu. Im letzten Moment, also kurz vor der Kollision, legt sie sich weit nach links, reißt gekonnt den Beiwagen noch oben und berührt die Tonne nicht. Wie die Ölgötzen stehen wir staunend da.

„Mann, das ist ja wirklich toll", lobe ich vor Rolf die Kunstfahrerin.

„Es wird gleich noch aufregender", kündigt Rolf nun an und begibt sich auf die Position der Tonne.

„Das glaub ich nicht. Rolf soll nun Mülltonne spielen?", frage ich laut die Jungs und die Nachbarn von Block 5 und 3. Erneut steht das Motorrad am Start. Rolf gibt mit einer

Handbewegung das Zeichen zur Abfahrt. Mit irrsinnigem Tempo saust nun Frau Strobel auf ihren Sohn zu. Man mag nicht hinschauen, denke ich und blicke doch auf das gefährliche Spiel.

„Nein, nein. Nicht doch“, schreien einige der Anwesenden und wenden sich ab. Wie schon bei der ersten Fahrt kippt sie noch rechtzeitig das Gefährt nach links und der Beiwagen streift um Haaresbreite am Kopf von Rolf vorbei. Ein Fenster im ersten Stock von Block 3 wird geöffnet und ein älterer Mann ruft laut und deutlich vernehmbar: „Unverantwortlich, es wird ein Nachspiel haben. Ein Fall für das Jugendamt und Polizeimeister Gabrisch.“

Frau Strobel blickt in die Richtung des Rufers, hebt die Hand und macht mit ihrem Mittelfinger ein allseits bekanntes Zeichen. Rolf schließt sich ihr an und streckt dem älteren Herrn die Zunge raus. Mit einem Satz springt er dann in den Beiwagen, seine Mutter gibt Gas und sie brausen los.

„Von Rolf habe ich nicht erwartet, dass er so mutig ist und den Fahrkünsten seiner Mutter traut“, bemerkt Hühnchen voller Hochachtung.

„Das war leichtsinnig, mehr als riskant und einfach idiotisch“, mache ich den beiden klar.

Wir stellen die Tische und Stühle wieder an ihren angestammten Platz.

„Diese Vorstellung werden wir wohl so schnell nicht vergessen“, sinniert Hawi vor sich hin.

„Trotzdem wird dieser Angeber nicht unser Freund werden“, prognostiziere ich meinen Freunden.

„Bestimmt nicht. Aber lass uns jetzt zur Müllkippe gehen, einige Flaschen sammeln und sie bei Grauner abgeben“, fordert uns Hühnchen auf.

„Los, ab die Post“, treibe ich meine Freunde an.

Keiner versteht mich

„Nimm bitte die Zunge hinter die Zähne. Das habe ich dir schon so oft gesagt“, verzweifelt meine Mutter.
„Habe ich doch probiert. Klappt bloß nicht immer“, verteidige ich mich.

„Kein Wunder, dass du in der Schule gehänselt wirst. Streng dich an. Es heißt Tisch und nicht *Tiss* oder Fisch ist nicht *Fiss*. Ich könnte heulen, mein Junge lispelt und kaum einer versteht ihn“, beendet meine Mutter ihre Belehrung.

„Kann ich jetzt raus zu Hawi und Hühnchen?“, frage ich zaghaft.

„Ja, schon, aber du musst noch Milch holen gehen. Habe mit Hawis Mutter gesprochen, die braucht auch noch Milch“, schickt sie mich mit der leeren Milchkanne los.

Zum Block 10, in dem der Händler Michalczyk ein Lebensmittelgeschäft betreibt, ist es nicht weit. Aber wir müssen am Block 8 vorbei und dann quer über den Platz davor. Sehr oft werden wir schon am Block 8 von einer rüden Bande älterer Jungen empfangen. So auch heute.

„Wenn ihr mit Milch zurückkommt, ist Wegezoll fällig. Ist das klar, ihr Schnullerbacken?“, stellt sich der Anführer uns in den Weg. Tatsächlich warten sie schon auf uns, als wir den Platz überqueren. „Milchkanne her. Aber bisschen zackig“, fordert der Größte der Truppe uns auf. Widerwillig geben wir unter lautem Protest die Kanne her. Jeder der Banditen nimmt nun einen kräftigen Schluck aus der Kanne.

„Passieren“, fordert er uns unter dem Gegröle seiner Kumpanen auf.

„So geht das aber nicht weiter“, beschwert sich meine

Mutter, als wir mit halb leerer Kanne heimkommen.

„Ich habe eine Idee, Mama. Morgen werden wir Wasser mit sehr viel Essig und etwas weißer Farbe in die Milchkannen füllen. Auf dem Hinweg tun wir so, als wären die Kannen leer, kaufen etwas anderes im Geschäft und treten den Rückweg an“, schlage ich feixend vor.

Voller Vorfreude marschieren Hawi, Hühnchen und ich am nächsten Nachmittag an der Gang vorbei. Und dann stehen sie auf unserem Rückweg wieder als drohende Mauer vor uns. „Her damit“, verlangen sie barsch. Hawi, Hühnchen und ich reichen die Kannen mit einem freundlichen Lächeln rüber. Wie auf Kommando setzen die drei Ganoven an, atmen tief aus und nehmen dann einen kräftigen Schluck. Wie auf Befehl verdrehen die Diebe ihre Augen, spucken und prusten, als wenn sie ertrinken müssten.

„Das habt ihr nicht umsonst gemacht“, drohen uns die Burschen und ballen die Fäuste.

Urplötzlich, wie von Zauberhand, steht mein großer Bruder Wolfgang neben uns. „Wenn ihr euch nicht augenblicklich verkrümelt, gibt es eine Abreibung, die ihr nie im Leben vergessen werdet. Solltet ihr weiter meinen Bruder und seine Freunde bedrohen, könnt ihr euch schon einen Sarg aussuchen“, verspricht er den Banausen.

Wir eilen nach Hause, um Bericht zu erstatten. „Das hat prima geklappt. Die lassen uns ab sofort in Ruhe“, berichte ich.

„Gut gemacht, ihr drei. Aber bis zum Abendessen geht ihr auf den Hof und spielt noch Ball oder was anderes. Du, Ulrich, kommst aber sofort nach oben, wenn du pullern musst. Nicht, dass du es beim Spiel vergisst und womöglich noch als großer Junge in die Hose machst“, schickt sie uns runter auf den Hof.

Als es langsam dunkel wird, wollen Hawi und Hühnchen nach Hause. Ich trotte missmutig hinterher.

„Da bist du ja endlich", empfängt mich meine Mutter. „Du warst nicht oben zum Pullern. Hast du nicht pieschern müssen?", fragt sie mich aus.

„Doch, schon, habe aber einfach an einen *Buss* gepinkelt", berichte ihr voller Stolz.

„Ich glaube es nicht, was ich soeben gehört habe. Mein Sohn hat einfach an einen Bus gepinkelt. Bist du von Sinnen? Du blamierst die ganze Familie. Du bekommst gleich eine geschallert, so böse bin ich über deinen Blödsinn", kann sie sich kaum beruhigen. „Hat dich einer gesehen und was hat der Busfahrer gesagt?", erkundigt sie sich.

„Aber Mama, ich habe doch nicht an einen *Buss* mit Rädern und einem Fahrer gemacht. An einen *Buss* mit Zweigen und Blättern habe ich gepullert", kläre ich sie auf.

„Bin ich froh, dass mein Sohn uns nicht blamiert hat. Mit deiner Lispelei kommst du eines Tages noch in große Schwierigkeiten", hält sie mir vor Augen. „Setz dich jetzt ins Wohnzimmer. Dort habe ich dir einen Teller mit zwei Scheiben Brot hingestellt. Eine Scheibe mit deiner Lieblingswurst und eine Scheibe mit Stinkerkäse. Alles in kleinen Häppchen für meinen Ulli-Knulli. Gleich fängt das Hörspiel an", spricht sie wieder versöhnt mit mir.

„Auch Pinkelbrot mit Schneewurst?" frage ich.

„Ja, ja, auch Dinkelbrot mit Teewurst", antwortet sie lachend.

Mein Zwillingsbruder sitzt auch schon da und verputzt gerade seine zweite Scheibe mit Schmalz. Warmer Kakao steht in einer großen Kanne bereit. Es wird einen schönen Abend geben.

Polizei-Osterei

Richtige Verbrecher, also Einbrecher, Bankräuber, Entführer oder gar Mörder gibt es in Stade-Süd, auch nur Flugplatz genannt, vermutlich nicht. Trotzdem hat die Stader Polizeidirektion einen kleinen „Außenposten“ in Süd eingerichtet. Eben für alle Fälle. Es ist ein kleines Flachdachgebäude, das auch als Wohnhaus für die Familie dient. Polizeimeister Gabrisch, mit Ehefrau und zwei kleinen Töchtern, hat sich aber auch eine kleine Ecke als „Polizeistation“ eingerichtet. Erkennbar am Schild gleich neben der Eingangstür. Aufschrift: Polizei. Um immer bei Bedarf schnell zum Einsatzort zu kommen, aber auch für seine täglichen Kontroll- und Streifenfahrten hat er ein altes Fahrrad aus Armeebeständen bekommen. Dieses Gefährt steht also täglich vor dem Haus und ist sofort einsatzbereit.

Das häufigste Ziel seiner „Dienstfahrten“ ist die kleine Verkaufsbude gegenüber der Krankenhauseinfahrt. Hier verkauft der Händler Grauner Obst, Gemüse, aber auch Getränke. Also auch Bier und „Hochprozentiges“. An schönen Tagen sitzen die „Durstigen“ hinter der Bude auf Bierkisten und trinken so manches Bier. Vermutlich sind auch einige „Kurze“ dabei.

Von besonderem Durst geplagt, steuert nun täglich der Polizeimeister diese „Freiluftkneipe“ an. Erst weit nach Dienstschluss steigt er dann mit sehr viel Mühe auf sein Stahlross und fährt in Schlangenlinien mit großen Bögen Richtung trautes Heim. Was sich dann hinter den Fenstern der kleinen Polizeistation abspielt, kann keiner berichten. Die tägliche „Kneippkur“ ist nun auch äußerlich sichtbar. Das anfangs polizeitaugliche Lebendgewicht von ca. 80 kg ist auf geschätzte 160 kg gestiegen. Das bringt dem Polizisten den wenig schmeichelhaften Spitznamen ein. „Das Walross kommt“, wird sich zugeraunt. Auf sein Fahrrad zu steigen, besonders mit erheblicher Promille im Blut, gestaltet sich fast zu einer Lachnummer. Um auf- oder absteigen zu können, also sein rechtes Bein über das Hinterrad mit Gepäckträger und den Sattel zu schwingen, muss unser Polizeimeister das Fahrrad so weit zur Seite legen, dass der linke Griff des Lenkers den Boden berührt.

Nur so gelingt es ihm, das Bein rüber zu schwingen. Mächtig schwitzend und nach Luft schnappend stellt er nun das Gefährt in die Senkrechte. Meist erfolgt ein erlösendes Lächeln nach dieser immensen Anstrengung. Ist er doch jetzt fahrbereit.

Heute aber verfinstert sich der Gesichtsausdruck von Meister Gabrisch, als er erkennt, dass weder im Vorder– noch im Hinterrad Luft in den Reifen ist. Völlig platt sind sie.

„Sabotage, Gemeinheit!“, schreit er voller Wut. „Das werde ich ermitteln. Den Täter fasse ich, ich bin ja schließlich die Polizei! Wer macht bloß so was?“, beendet er sein Gebrüll. Nun aber legt er erst mal das Fahrrad wieder ganz langsam auf die Seite und steigt behutsam ab, um nun nach der Luftpumpe zu greifen. Weiter laut fluchend, völlig verschwitzt und mit hochrotem Gesicht stellt das Walross fest, keine Luftpumpe am Rahmen. Er erkennt nun so langsam, dass er den Heimweg nur schiebend antreten kann. Und so torkelt er also Richtung Polizeistation, knallt mit voller Wucht sein Vehikel gegen die Hauswand und verschwindet im Haus, ohne unser schadenfrohes Lachen wahrzunehmen. „Polizei-Osterei“, rufen wir ihm hinterher. Kurz darauf schleichen wir uns heimlich in der Dämmerung zur Station und stecken die Luftpumpe wieder ans Rad.

Wir sind doch keine Diebe, Lausbuben schon.

Oh, Oh Ostsee

Als mein Zwillingsbruder Klaus und ich voller Vorfreude, die Sommerferien beginnen ab morgen, nach der sechsten Stunde nach Hause kommen, öffnet unsere Mutter schon vor uns die Wohnungstür. „Jungs, Jungs!“, ruft sie und strahlt über das ganze Gesicht. „Ich habe einen Brief vom Gesundheitsamt bekommen. Seht nur, Frau Dr. Mühlen-Ewald hat ihn geschrieben“, trällert sie euphorisch und wedelt sich mit dem Briefumschlag Luft zu. „Ich bin so aufgeregt und freue mich wie ein Schneekönig. Es hat geklappt. Ihr werdet verschickt“, präsentiert sie uns die Neuigkeit. Ich bleibe wie vom Blitz getroffen stehen.

Meine Gedanken purzeln wie Kegel beim Alle-Neune-Wurf durcheinander. Tausend Fragen schwirren mir durch den Kopf. Verschickt wie ein Paket mit Packpapier und Schnüre? Verschickt wohin und zu wem? Verschickt warum und kommen uns unsere Eltern besuchen? Ich hole erst einmal tief Luft und setze mich auf die Küchenbank. An Frau Dr. Mühlen-Ewald kann ich mich noch vage erinnern. Wir waren bei ihr im Gesundheitsamt zur Untersuchung. „Der Klaus ist etwas zu dünn. Er müsste mal Luftveränderung haben und dort etwas aufgepäppelt werden“, hat sie meiner Mutter das Ergebnis mitgeteilt.

„Ich werde versuchen einen Platz in einem Heim zu bekommen. Natürlich darf der Ulrich nicht hintenanstehen“, höre ich sie noch sagen.

Jetzt war klar, wir sollen in ein Heim. So habe ich mir meine Sommerferien aber nicht vorgestellt.

„Ihr macht einen wunderbaren Badeurlaub mit vielen anderen Kindern direkt an der Ostsee“, klärt uns unsere Mutter auf. „Das wird ganz toll werden. Ich beneide euch“, spricht sie mit einem etwas träumerischen Ton.

Na, das hört sich ja schon etwas besser an, denke ich und versuche mir vorzustellen, wie diese Ferien wohl verlaufen werden.

Der letzte Tag vor der Abreise ist mit packen, baden und vielen Verhaltensregeln ausgefüllt.

Am nächsten Morgen bringt uns das Taxiunternehmen Kleige zum Stader Bahnhof. Jetzt heißt es Abschied nehmen. Der Zug steht schon mit dampfender und fauchender Lokomotive zur Abfahrt bereit. Die Reisebegleitung begrüßt uns und bittet Klaus und mich einzusteigen. Ich umarme meine Mutter und heule wie ein Schlosshund.

Dann sitze ich neben meinem Bruder und kann nicht aufhören zu weinen. Bald aber wird der Blick aus dem Fenster immer interessanter. Sodass die Bilder der Stadt Hamburg mich sehr schnell ablenken.

Nach einmal umsteigen und einer gefühlten Ewigkeit kommen wir in Lübeck an. Ein Bus bringt uns ans eigentliche Ziel. Das Kindererholungsheim von Niendorf an der Ostsee. Der erste Eindruck ist wirklich wunderschön. Zwischen hohen, alten Laubgehölzen erkennt man einige größere Gebäude. Eine ältere Frau empfängt uns mit den Worten: „Schön, dass ihr gesund angekommen seid. Mein Name ist Schwester Inge. Ich bin die Leiterin dieser Einrichtung. Neben mir steht Schwester Adelheid, die euch die nächsten Tage betreuen wird.“

Die sieht aus wie eine uralte Vogelscheuche, denke ich. Ob ich mit der wohl klarkomme, glaube ich nicht.

Erst aber geht es jetzt zum Mittagessen in den großen Speiseraum. Wild laufen einige Kinder, die schon länger hier sind, durch den Saal. Klappernde Teller und Besteck sowie lautes Gerede empfängt uns Neuankömmlinge. Nudelsuppe mit kleinen Klößchen steht auf dem Speiseplan. Ich haue mächtig rein, hole mir auch noch Nachschlag. Schwester Adelheid beaufsichtigt unsere Gruppe. Treibt uns jetzt aber mächtig an. „Kinder, Hallo, Kinder", verschafft sie sich laut Gehör. „Alle zum Mittagsschlaf rüber in den Schlafsaal", dirigiert sie unsere Meute.

Im Schlafsaal stehen zwölf Metallbetten in drei Reihen zu je vier Betten. Ich erwische ein Bett in der Nähe der Fenster. Ein Junge, der auch schon im Bus und am Tisch neben mir gesessen hat, wird nun auch mein Bettnachbar. „Ich bin Bernd Kunz. Alle nennen mich aber Kunzi. Mein Vater hat ein Geschäft für Damen-Oberbekleidung in der Inselstraße", stellt er sich vor.

„Ich komme vom Flugplatz. Heiße Ulrich Renner. Kannst aber Ulli zu mir sagen", mache ich mich bekannt.

Ein lautes „Ab sofort ist Ruhe hier im Saal. Wer noch zur Toilette muss, geht jetzt. Danach steht keiner mehr auf. Ist das klar?" ist von der blöden Hexe zu hören. Es sind kaum fünf Minuten vergangen, da steht der erste Bursche auf und will zum Klo. „Du bist wohl verrückt!", brüllt sie ihn an. „Sofort ab ins Bett! Sollte noch einer aufstehen, kann er ein blaues Wunder erleben! Da fackele ich nicht lange und es knallt!" Das ist Warnung genug.

Plötzlich flüstert Runzi im Nebenbett: „Ich muss auch noch ganz nötig."

„Ich ebenso", informiere ich ihn.

„Was machen wir bloß? Kann bald nicht mehr länger warten", lässt er mich wissen.

„Habe schon überlegt ob ich einfach aufstehe", spreche

ich meine Absicht aus.

„Bist du wahnsinnig? Die Alte frisst dich mit Haut und Haaren“, warnt mich Kunzi

„Dann mache ich einfach in mein Bett. Die haben selbst Schuld diese strengen Betreuerinnen“, heule ich nun schon fast und halte mein Bedürfnis nicht länger zurück.

„Ich pinkle auch schon. Was für eine Erleichterung“, teilt mir Kunzi mit.

Eine laute Trillerpfeife weckt uns. „Was ist denn das für eine Schweinerei?“, poltert das Scheusal los, als sie die Bescherung sieht. „Beide sofort das Bett abziehen, die Wäsche auf den Boden legen und die Matratzen durch das Fenster nach draußen stellen. Zur Strafe stellt ihr euch bis zum Abendessen daneben“, befiehlt sie im Ton eines Feldwebels.

An diesem sonnigen Sommertag ist für unsere Truppe Ostsee angesagt. Und so marschieren die Jungen und die Mädchen unserer und der anderen Gruppen an uns Matratzenwärtern vorbei.

„Bettnässer, Bettnässer“, wiehern alle vor Vergnügen und biegen sich vor lachen. Runzi und ich stehen da und schämen uns gewaltig.

Am nächsten Tag ist schon fast alles vergessen. Auch wir können nun die Ostsee genießen. Diesen Sommer gibt es wohl nur schöne Tage ohne Sturm und Regen. So gehen die Ferientage mit Wanderungen und Besichtigungen schneller zu Ende als gedacht.

Es wird ein Abschiedsfest geben, für das wir schon eifrig geprobt haben. Ein Singspiel, bei dem ich eine Traumrolle habe. Ich spiele mit einem Mädchen Bäume, die eine kleine Tanzeinlage vorführen sollen. Wie ein Paar müssen wir uns in der Mitte der Bühne treffen, im Kreise drehen und wieder zurück auf Position gehen, wenn wir unsere zwei Drehungen beendet haben. Am vorletzten Tag ist unser großer Auftritt. Nach der zweiten Drehung möchte meine Partnerin wieder zur Seite zurück. Ohne die Aufforderung unseres Scheusals zu beachten, die weitere Drehungen fordert. Ich ziehe nun sehr heftig an ihr, um dieses störrische Mädchen zu weiteren Pirouetten zu bewegen. Da passiert etwas Unheilvolles. Durch meine kräftigen Bewegungen hervorgerufen, stürzt die Kleine von der einen Meter hohen Bühne. Nach einer kleinen Ewigkeit steht sie zum Glück unverletzt auf. Ich bin erleichtert. Doch hat es für mich ein böses Nachspiel. Zur Strafe verbringe ich, auf Anordnung von Schwester Adelheid, die Nacht im Duschraum auf den kalten Fliesen. Zudecke und Kopfkissen darf ich mitnehmen. Ist nicht schlimm, denke ich. Morgen geht es ja wieder nach Hause zu Muttern.

Der nächste Morgen ist der erste Regentag. Egal, denke ich. Wir sitzen ja im Bus und in der Bahn. Als Stade immer näher rückt, rutsche ich vor Aufregung auf meinem Sitz hin und her. Endlich hält der Zug in Stade. Mit meinem Koffer in der Hand springe ich auf den Bahnsteig, laufe voller Freude auf die weit ausgebreiteten Arme meiner Mutter zu. Sie drückt mich fest an sich.

Und ich heule wieder mal wie eine kleine Heulsuse. Egal, bin ich doch wieder da, wo ich am liebsten bin. In Stade-Süd bei meiner Mutter.

Alles Schiebung

Nicht täglich, aber doch sehr oft, führt uns der Weg in unser „Jagdgebiet“ über einen zweigleisigen Bahnübergang. Beide Gleise führen ins abgesperrte Gebiet des Flugplatzes.

Dabei passieren sie ein zweiflügliges, 2 Meter 50 hohes Tor, das mit einer Kette und einem stabilen Schloss gesichert ist. Die Konstruktion aus kräftigen Brettern mit Maschendraht-Bespannung macht einen soliden Eindruck. Ein Gleis verläuft aus dem Tor heraus, über den Bahnübergang und endet kurz danach an einem Prellbock. Ein Abstellgleis also.

Ob überhaupt und, wenn ja, der letzte Zug hier gefahren ist, kann keiner von uns sagen.

„Ich habe heute sehr früh den Warn- und Pfeifton einer Lokomotive gehört“, behauptet Hawi.

„Geträumt, meinst du“, veräppelt ihn Hühnchen.

„Wir können ja nachsehen“, schlage ich nun vor.

Also los! Wir passieren gerade die Kohlenhandlung, als Hawi stolz in Richtung Bahnübergang zeigt. „Ich habe Recht gehabt. Es ist wirklich ein Zug in der Frühe gekommen“, sprudelt es nun aus ihm heraus.

Tatsächlich steht da ein geschlossener Güterwagen direkt am Prellbock. „Das ist ja ein Ding“, staune ich laut. „Den müssen wir uns mal sehr genau ansehen“, sagt Hühnchen und rüttelt an der Schiebetür des Waggons. Quietschend öffnet sich cm um cm die Tür. „Leer, völlig leer“, bemerke ich ziemlich enttäuscht.

„Da ist ja noch etwas am Ende des Wagens, ein kleines Häuschen oder so ähnlich“, meint Hawi.

„Das ist ein Bremser-Stand“, behauptet nun Hühnchen

fachmännisch.

„Du kannst ja mal nachsehen, ob die Bremse angezogen ist“, fordere ich Hühnchen auf.

„Kann ich doch an den Rädern sehen“, gibt Hühnchen ein wenig an. Gebremst ist der Güterwagen, erkennen nun auch Hawi und ich. „Das kann ich sofort ändern“, verspricht uns Hühnchen und ist ruck die zuck die drei Sprossen der kleinen

Leiter hinaufgeklettert. Die Tür ist nicht verriegelt und so steht unser Möchtegern-Rangierer triumphierend im Häuschen. „Soll ich, ja, soll ich die Bremse lösen?“, fragt Hühnchen voller Abenteuerlust.

„Ja, ja, los“, spornt ihn Hawi an.

„Bremse los“, meldet Hühnchen, nachdem er die schwere, waagerechte Kurbel mehrfach gedreht hat. Nichts passiert.

Der Wagen bleibt an Ort und Stelle. „Mist, wir müssen zu dritt mal ordentlich schieben“, ermuntere ich die beiden.

„Ha, ha, schieben, wir kleinen Pimpfe“, lacht Hawi und kriegt sich nicht wieder ein.

„Probieren können wir es ja mal“, meint Hühnchen. Ich gebe Kommando: „Eins, zwei, fertig, los.“ Mit all unserer Kraft und lautem Stöhnen stemmen wir uns gegen das stählerne Ungetüm. Gerade als unsere Kräfte nachlassen und wir schon fast aufgeben wollen, fängt doch tatsächlich dieser schwere Güterwagen an zu rollen, erst nur cm um cm. Dann, als wir, angespornt durch unseren Erfolg, weiter kräftig gegen den Waggon drücken, rollt er plötzlich ungewollt und durch das leichte Gefälle begünstigt Richtung Bahnübergang.

„Wir müssen ihn stoppen“, jammert Hawi. „Wie nur?“, rufe ich voller Angst.

Da ist es schon passiert. Krachend bricht der Güterwagen durch das abgesperrte Tor. Holz splittert, die Kette und das Schloss fliegen im hohem Bogen auf die Straße. Völlig abrupt bleibt der „Güterexpress" mitten im zertrümmerten Tor stehen. Zersplitterte Bretter haben wie ein Bremskeil gewirkt. „Los, lass uns bloß abhauen", bittet Hawi nun inständig.

„Wenn die uns erwischen, dann ist die Kacke aber am Dampfen", bemerkt Hühnchen.

„Und verdammt teuer wird es", unke ich herum.

Wir rennen los, in Richtung kleines Wäldchen hinter der Roll- und Startbahn. Dort beziehen wir unseren Beobachtungsposten. Lange geschieht nichts. Doch dann hören wir das Gejaule der Polizeisirene und sehen das Blaulicht. Die wohl von Wachtmeister Gabrisch alarmierte Stader Polizei rückt an. Er selbst ist sofort mit seinem Dienstrad zum Unglücksort gefahren und steht nun parat, um die Polizisten aus Stade einzuweisen. Langsam wagen wir uns aus unserer Deckung, schlagen einen großen Bogen und nähern uns mit gespielter Ahnungslosigkeit dem Tatort.

„Ihr kommt mir gerade recht", bölkt uns Polizeimeister Gabrisch an. „Habt ihr Banausen irgendetwas gesehen oder vielleicht etwas bemerkt?", fragt er uns mit strengem Blick.

Wie auf Kommando schütteln wir drei den Kopf und verneinen die Frage. „Aber", setzt Hühnchen an, „ich habe da so einen Verdacht und ein ganz bestimmtes Gefühl. Vermutlich waren das die Bagaluten aus dem U-Block."

„Die werde ich unverzüglich aufsuchen und sie mir zur Brust nehmen", macht sich Polizeimeister Gabrisch vor der Stader Polizei wichtig. Wir aber verpissen uns.

In Quarantäne

Ein Unglück kommt selten allein. Letzte Woche war mir nicht gut. Heftige Bauchschmerzen quälten mich. Meine Mutter hatte Waschtag und arbeitete schon seit den frühen Morgenstunden in der Waschküche. Mache ich mir doch einfach eine Wärmflasche, dachte ich. Hab ich doch schon so oft bekommen und hat immer geholfen. Also setzte ich den Kessel mit viel Wasser auf den alten Kohleherd, legte noch Holz und Briketts nach. Suchte und fand die gute alte Wärmflasche. Als der Kessel mit seinem Pfeifkonzert begann, nahm ich das kochende Wasser und goss es in die Gummiflasche. Jetzt musste unbedingt die Luft aus der Flasche, damit das Wasser lange warm bleibt. So macht es immer meine Mutter. Also legte ich mir die Pulle vor die Brust und drückte so kräftig mit der Hand und dem Unterarm gegen das Gummi, dass außer der Luft das kochende Wasser heraus schwappte und sich wie ein heißer Lavastrom über meinen Arm ergoss. Ich wollte schreien, laut schreien, dachte dann aber an meine arme, gebeutelte Mutter. Lief bis zur Waschküche, trat ganz gemächlich ein und sagte leise zur ihr: „Ich habe mich verbrüht. Schau mal hier der rechte Unterarm."

Ohne eine Sekunde zu zögern zog sie mir sehr, sehr vorsichtig den Strickpulli über den Kopf und den lädierten Arm. Der gestrickte Ärmel hatte sich natürlich mit dem kochenden Wasser vollgesogen. Ganz ruhig hielt sie meinen rechten Arm unter ziemlich kaltes Wasser. „Du hältst jetzt deinen Arm für gut zehn Minuten unter den Strahl. Danach bekommst du einen Verband", beruhigte sich mich. Erst jetzt konnte ich anfangen zu jammern und zu heulen.

Auch meiner Mutter liefen die Tränen über die Wangen. Nach der Wasserkühlung tränkte sie eine sterile Kompresse mit einer verdünnten Essiglösung und legte sie auf die riesige Blase.

Eine Wohltat für die schmerzende Wunde. Ein lockerer Verband hielt die Kompresse in Position. „Diese Wunde wirst du wohl ewig behalten. Aber bis du heiratest, ist das Malheur vergessen“, konnte meine Mutter schon wieder etwas entspannter scherzen. Tatsächlich waren die Schmerzen schon nach einigen Tagen erträglich und nur der Verband erinnerte mich noch an meine Dummheit.

Das liegt nun schon einige Wochen zurück und heute geht es mir schon wieder schlecht. Ich habe Halsschmerzen, Schluckbeschwerden, Schüttelfrost, Fieber und ich muss spucken.

„Die Sorgen mit dir nehmen kein Ende. Ich werde wohl Frau Dr. Mühlen-Ewald bemühen müssen. Die soll dich mal gründlich untersuchen.“

Schon am Nachmittag steht Frau Doktor an meinem Bett. Nachdem sie mich abgehört, in den Rachen geschaut und meine Haut angesehen hat, wiegt sie den Kopf hin und her. „Ja, Frau Renner, da gibt es keinen Zweifel. Der Ulrich hat Scharlach, sehr ansteckend, und ich muss ihn ins Krankenhaus einweisen“, eröffnet sie uns.

„Jetzt, wenige Tage vor Weihnachten? Gibt es da keine andere Lösung?“, bettelt meine Mutter.

„Ich kann und will eine Ausnahme machen. Wenn Sie den Ulrich in ein Zimmer legen, ihn also isolieren, die Tür mit einem Tuch abdichten, nur Sie als Mutter mit einer Mund- und Nasenmaske den Raum betreten, sich danach gründlich die Hände waschen und immer mit einem Kittel zum

Kranken gehen, sollte ich das verantworten können“, schlägt sie als Lösung vor.

Ich strahle mit meiner Mutter um die Wette. „Danke, danke, Frau Doktor. Das bekommen wir bestimmt hin“, verabschiedet sie die Ärztin.

Wolfgang muss nun für einige Zeit sein Zimmer räumen. Die Begeisterung hält sich in Grenzen. Für seinen kleinen Bruder macht er das dann doch ohne murren.

Ich werde jetzt täglich wie ein Fürst betreut. Fast jeder Wunsch wird mir erfüllt. Ich bekomme sogar einen kleinen Weihnachtsbaum in mein Zimmer gestellt.

Heute ist Heiligabend und meine Eltern und meine Brüder stehen vor der Tür und singen doch tatsächlich zwei Weihnachtslieder. Dann geht die Tür auf, ein Paket mit rotem Papier und goldener Schleife wird reingeschoben.

„Dein Geschenk. Es ist etwas für Baumeister. Außerdem ist auch noch etwas Lesestoff dabei“, sagt mein Vater und schiebt noch einen bunten Teller durch den Spalt. Auf den üblichen Kartoffelsalat mit Würstchen am Heiligabend muss ich nicht ganz verzichten. „Ein Löffel Salat und eine Wiener sind für deinen angeschlagenen Magen genug. Lange und ordentlich.“ Weiter kommt mein Vater nicht.

„Kauen. Der Kartoffelsalat liegt einem sonst zu schwer im Magen“, beende ich seine Ansprache. Diesen Spruch von meinem Vater kenne ich schon seit Jahren.

Der erste Weihnachtstag ist bei den Renners Ententag. Knusprige Ente mit Füllung nach Pommern Art. Leider haben Enten nur zwei Keulen. In diesem Jahr bin ich als Kranker gesetzt. Die Keule ist mir versprochen worden. Die andere Keule wird wie immer verlost.

So geht nun auch das Weihnachtsfest vorbei. Noch immer

bin ich ein Isolierter auf kleinstem Raum. Meine Brüder Wolfgang und Klaus sind schon im Silvesterfieber. Natürlich ist knallen angesagt. Ich werde nicht dabei sein können. Bis zum dritten Januar soll ich noch in Einzelhaft bleiben.

Gegen zweiundzwanzig Uhr kommt meine Mutter ins Zimmer, weckt mich, reicht mir einen dicken Pullover und einen Bademantel. Schal und Mütze soll ich auch noch anziehen. „Du brauchst heute unbedingt noch etwas frische Luft für einen erholsamen Schlaf“, schickt sie mich ans geöffnete Fenster. Ein dickes Kissen liegt auf der Fensterbank.

Kaum habe ich mich ans Fenster gesetzt, geht auch schon der Zauber los. Die erste Rakete zischt in den Nachthimmel und zerplatzt mit lautem Knall. Dann saust ein Heuler mit schrillem Pfeifton um die Hausecke. Der erste Böller wummst gewaltig. Und so geht es noch eine kleine Weile weiter. Die Burschen machen einen Höllenlärm da unten. Erst, als ich genau hinsehe, erkenne ich meine Brüder. Für mich, nur für mich haben sie die Show veranstaltet.

Ich lege beide Hände um meinen Mund und rufe ihnen zu: „Ihr seid die besten Knaller!“

Ich bin voll zufrieden. Silvester konnte ich nun doch noch erleben. Das neue Jahr kann nur besser werden. Kaum liege ich wieder im Bett, schlafe ich selig dem nächsten Morgen entgegen.

Man rennt, wenn es brennt

„Mach bloß das Fenster im Schlafzimmer zu, im Zimmer von Wolfgang auch. Dieser Qualm und der Gestank. Ist ja nicht auszuhalten“, ordnet meine Mutter an. „Was der Gärtner sich einfach so rausnimmt. Verbrennt wohl Kartoffelkraut oder so ein Zeugs. Bei dieser Windrichtung ist die Wohnung bald völlig verqualmt“; schimpft meine Mutter ziemlich aufgebracht. „Kann ich mir das Feuer ansehen gehen?“, frage ich vorsichtig.
„Hiergeblieben, Bursche. Das Essen steht doch gleich auf dem Tisch“, untersagt sie mir meinen kleinen Ausflug.
Ich schlinge mein Essen in einem rekordverdächtigen Tempo herunter und verzichte sogar auf meinen Nachtisch. „Den Schokoladenpudding kann ich doch auch noch später essen, oder?“, will ich mir meinen Anteil sichern, bevor alles aufgegessen ist.
„Na gut, ich hebe dir was auf. Aber komm mir nicht wieder wie ein Räuchermännchen nach Hause“, entlässt sie mich mit der Ermahnung.
Ich springe die Treppenstufen runter, flitze über den Hof und laufe um den Schuppen. Leider zu spät. Kein Feuer mehr. Nur ein Haufen Asche ist noch zu sehen. Enttäuscht kehre ich um, als mir Hawi und Hühnchen über den Weg laufen. „Wir wollen nach dem Feuer sehen“, erklärt mir Hawi.
„Kannste vergessen. Alles längst vorbei. So ein Mist“, murre ich laut.
„Wir machen einfach unser eigenes kleines Feuer“, schlägt nun Hühnchen vor.
„Und wo möchtest du kleiner Feuerteufel denn wohl zün-

deln?" stellen wir ihm die Frage.

„Am Bahndamm haben wir doch schon mal ein Feuerchen gemacht. Auch wenn es nicht so richtig gebrannt hat. Das Gras war einfach zu feucht damals", erklärt er uns

„Ich habe keine Streichhölzer", sage ich mit Bedauern.

„Ich auch nicht", schließt sich Hawi an.

„Es gibt auch noch eine andere Methode, ein Feuer zu entfachen. Mit einem Brennglas. So ein Ding habe ich fast immer als Pfadfinder in meiner Hosentasche", zeigt Hühnchen stolz auf seine Hosentasche.

„Das klappt doch nie", will Hawi uns den Spaß verderben.

„Abwarten, abwarten. Das gelingt diesmal bestimmt", motiviert uns Hühnchen. Wir tigern los. Gleich hinter dem Hof vom Landwirt Listau überqueren wie den Bahnübergang und gehen dann auf einem Feldweg in Richtung Stade. Nach einem zweiten Übergang fällt das Gelände links und rechts vom Damm um gut einen Meter oder mehr ab. Hohes Gras und viele Ginsterbüsche säumen nun links und rechts die Gleise. „Hier ist die beste Stelle", stellt Hühnchen fachmännisch fest und holt sein Brennglas aus der Hosentasche.

„Rupft mal ein wenig Gras, macht einen kleinen Haufen und legt ihn neben die Ginsterbüsche", kommandiert Hühnchen. Dann schaut er in den Himmel, wartet, bis die kleine Wolke vor der Sonne sich verzogen hat, und hält das Glas gekonnt über die Grasbüschel. Schon nach kurzer Zeit glimmt ein kleines Flämmchen und entwickelt etwas Rauch. Hühnchen bückt sich jetzt ganz tief herunter, bläst vorsichtig in die Glut und legt noch etwas Gras nach. Zu spät, das neue Gras erstickt die Flamme.

„Lass mich mal", drängelt Hawi sich vor. Hühnchen überlässt nun Hawi sein Wunderglas. Hawi zaubert nun zu unser Überraschung einige Fußballbilder aus seiner Hosentasche. „Damit wird es glücken“, frohlockt er. Geschickt drapiert er das Papier jetzt mit dem Grasbüschel zu einer Art Scheiterhaufen und hält dann, genau wie von Hühnchen gesehen, das Glas in die richtige Position.

„Das sieht ja schon viel besser aus“, freue ich mich, als die ersten zaghaften Flammen flackern. Hühnchen holt schnell noch etwas Heu von der Wiese unten an der Böschung. „Seht ihr nun, wie man das macht?“, lässt uns der Angeber Hawi wissen.

Inzwischen hat sich das Feuer mehr und mehr ausgebreitet und kommt den Ginsterbüschen immer näher. „Wir sollten uns jeder einen großen Ginsterast abknicken, um ihn dann als Feuerpatsche zum Löschen zu nutzen“, warne ich die Jungs. Mittlerweile haben die Flammen die Büsche erreicht und fressen sich in rasender Geschwindigkeit immer weiter. Die trockenen Ginsterbüsche brennen wie Zunder. Wir schlagen wie wild mit unseren Patschen auf die Flammen ein. Hühnchens Schuhe sind beinahe in Brand geraten, als er sich besonders nah an den Brandherd wagt. „Wir müssen das Feuer unbedingt löschen“, flennt er wie ein Mädchen.

„Ja, ja, das schaffen wir schon“, tröste ich ihn. Endlich zeigen unsere Bemühungen Wirkung. Die letzten paar Glutnester haben wir dann doch schnell unter Kontrolle.

„Da haben wir noch mal Glück gehabt“, freut sich Hawi sichtlich. „Ab nach Hause im Galopp. Wir machen Fliegermarsch“, schlage ich vor.

„Fliegermarsch?“ fragen Hawi und Hühnchen im Duett.

„Ja, wir laufen locker hintereinander. Der Letzte in der

Reihe überholt nun alle und setzt sich an die Spitze. Der nun Letzte macht das genauso und so weiter und so weiter. Kapiert?“ frage ich.

Wir laufen also zwischen den beiden Schienen los. Als Hawi sich an die Spitze setzen will, stürzt er unglücklich über eine defekte alte Bahnschwelle.

Wir drehen uns um und bleiben abrupt stehen. Was wir nun sehen, können wir nicht glauben.

Dicke schwarze Rauchschwaden ziehen in Richtung Stade. Meterhohe Flammen lodern und fressen sich durch die dichten Ginsterbüsche. Längs hat das Feuer auch das Heu auf der Wiese unterhalb der Böschung erreicht. „Das ist ja ein Großbrand“, schreit Hühnchen.

„Löschen ist zwecklos“, erkenne ich augenblicklich und schlage vor, dass wir sofort verduften, zumal schon aus der Ferne das Martinshorn der Feuerwehren zu hören ist.

„Das wird der halbe Flugplatz mitbekommen“, befürchte ich laut und mache deshalb einen Vorschlag. „Wir gehen, trotz Verbot unserer Eltern, auf die schwelende Müllkippe. Damit haben wir eine Erklärung, warum wir so penetrant nach Qualm riechen. Auch unsere durch den Brand geschwärzten Gesichter können wir erklären. Wir werden natürlich eine gehörige Standpauke zu hören bekommen und vermutlich eine kleine Strafe erhalten, aber keiner wird uns dann wohl mit dem Brand am Bahndamm in Verbindung bringen“, erläutere ich meinen Schwindel.

Tatsächlich kommt es, wie ich schon vermutet habe. Es gibt einen gehörigen Rüffel. Der Besuch einer Theateraufführung in der Schulaula wird gestrichen.

Am nächsten Morgen müssen wir uns unbedingt unseren Bubenstreich ansehen. Das ist ja unglaublich, sind wir mehr als überrascht. So haben wir es nicht erwartet.

Auf gut zweihundert Metern Böschung hat das Feuer gewütet und hat eine schwarze Wüste verbrannter Erde zurückgelassen. Die halbe Wiese ist jetzt ein schwarze Wüste. Der Landwirt, dem die Wiese gehört, steht ziemlich sauer am Wiesenrand. „Schade, dass ich diese Brandstifter nicht erwischt habe. Die hätte ich windelweich gehauen“, schimpft er wütend.

„Wir hören uns mal um, wer da was gesehen und gehört hat“, verspreche ich scheinheilig.

Und dann sehen wir drei zu, dass wir schnell vom Tatort verschwinden.

Langweilig

Bombenwetter. Wir aber sitzen im Treppenhaus auf der letzten Stufe im erstem Obergeschoss.

Wir, das sind Hawi, Hühnchen und ich. Also, Hawi ist Hans-Wilhelm und Hühnchen heißt richtig Huhn mit Nachnamen. Da hören wir die Stimme meiner Mutter: „Raus mit euch an die frische Luft. Ihr wisst wohl nichts mit euch anzufangen?"

„Stimmt", sage ich.

„Ihr könnt doch mit euren Murmeln hinter den Ställen spielen", fordert uns meine Mutter auf.

„Langweilig", ertönt es aus drei Kindermündern.

„Oder ihr spielt einfach Cowboy und Indianer."

„Langweilig", ist unsere Antwort.

„Dann könnt ihr doch Schiffe versenken." Weiter kommt meine Mutter nicht.

„Langweilig", ist erneut unser Einwand.

„Egal, raus mit euch, aber dalli, dalli", ist ihr letzter Satz. Wir stehen missmutig auf und tigern los.

Dann hat Hawi eine gute Idee. „Wir gehen zum Rollfeld und suchen nach alten Patronenhülsen."

„Klaro, machen wir", stimme ich zu.

Am Block 3 vorbei, weiter bis zum Kohlen- und Schrotthändler. Zum Bahnübergang sind es nun vielleicht noch ca. 50 Meter. Plötzlich schauen wir drei uns verdutzt an. Das kann doch nicht wahr sein. Noch vorgestern stand dort gleich rechts hinter dem Bahnübergang ein kleines Haus. Eingeschossig mit Walmdach. Dort wohnte ein Tischler, der in einem Anbau seine Werkstatt betrieb. Nun ist da einfach „nüscht" mehr. Unglaublich. Als wir näherkommen, erkennen wir aber noch die Fundamentplatte. Aus dieser Betonplatte ragt doch tatsächlich ein ca. 1.00 Meter langes Eisenrohr nach oben.

„Da ist ein Wasserhahn dran", bemerkt Hawi.

Nun erkennen Hühnchen und ich das auch. „Ob da wohl noch Wasser drauf ist?" fragt Hühnchen uns.

„Natürlich nicht", antworte ich. „Aber ich drehe gleich mal den Hahn auf", schlage ich vor und beginne zu drehen. Blub, blub, macht es erst und dann schießt das Wasser aus dem Hahn.

„Aufhören, hör sofort auf", ruft Hawi ängstlich. Ich beginne zuzudrehen, habe aber urplötzlich den Wasserhahn in der Hand. Das Wasser sprudelt munter weiter.

„Schraube bloß den Hahn wieder drauf", bettelt nun Hühnchen. „Geht nicht, ist abgebrochen und hat auch kein Gewinde" erkläre ich die Situation. Auf der Fundamentplatte bildet sich eine immer größer werdende Pfütze.

„Das wird immer schlimmer und läuft nun schon Richtung Straße und Bahnübergang", schreit Hawi wie ein Verrückter.

„Lasst uns sofort abhauen", schlägt jetzt Hühnchen vor.

Wir rennen los in Richtung weiße Brücke. Nur weg, weit weg, damit uns keiner sieht und uns vielleicht noch mit dem Dilemma in Verbindung bringt.

Nach ca. einer Stunde, die wir am Heidbach verbringen, marschieren wir wieder gen Heimat. Auf halbem Weg hören wir erst leise, dann immer lauter das Tatüütataa der Feuerwehr.

„Au Backe", kommt es mir über die Lippen.

„Das ist wohl doch schlimmer geworden als gedacht", jammert Hawi.

Als wir näherkommen, erkennen wir sofort das ganze Ausmaß der Überflutung. Wie ein kleiner Bach ist das Wasser auf das Gelände des Kohlen- und des Schrotthändlers geströmt. Schaulustige stehen dicht gedrängt auf der Straße und beobachten den Einsatz der Feuerwehr, die das Wasser abpumpt und weiterleitet in die weit entfernte Kanalisation. „Was ist denn hier passiert?“, frage ich scheinheilig.

„Da ist wohl ein Rohr geplatzt oder so. Genaues wissen wir nicht“, berichtet der Mann aus Block 3. Wir zischen ab nach Hause. Zuhause angekommen treffen wir auf meine Mutter draußen beim Wäsche aufhängen. „Na, Jungs, wie war denn der Tag heute?“, fragt meine Mutter mit augenscheinlichem Interesse.

„Ach, einfach total laaaangweilig“, rufen wir im Chor.

Ein ganz normaler Tag

„Was bummelst du heute nur? Du kommst noch zu spät zur Schule. Hast du dein Brot eingepackt? Vergiss ja nicht deinen Turnbeutel“, treibt mich meine Mutter an.

„Ja,ja“, rufe ich ihr genervt zu. „Bin schon unterwegs.“ Ich flitze die Treppen runter, jage an den beiden Verkaufsbuden vor dem Krankenhauseingang vorbei und beginne zu rennen. Heiße ja schließlich Renner mit Nachnamen. Komme völlig außer Atem, noch vor dem Klingelzeichen, in der Schule an, reiße die Klassenzimmertür auf und bleibe verdutzt in der Tür stehen. Das Klassenzimmer ist leer. „Du bist ein Obertrottel“, sage ich laut zu mir.

„Stimmt“, bestätigt unser Hausmeister, der gerade die Treppe herunterkommt. „Hast du vergessen, dass die erste Stunde heute ausfällt, stimmt's?“, amüsiert er sich. „Hier aber kannst du nicht allein bleiben. Raus mit dir auf den Pausenhof“, dirigiert er mich aus der Schule.

Also spaziere ich auf dem Hof herum und schaue mal wieder auf die vergitterten Fenster auf der Rückseite des Gefängnisses. „He, du, he, du da“, ruft irgendjemand aus dem Fenster. „Komm mal her. Kannst du mir nicht Zigaretten aus dem Automaten vorne am Eingang besorgen? Du bekommst auch Geld dafür“, bittet er mich eindringlich.

„Mach ich“, antworte ich.

Der Mann wirft mir Geld aus dem Fenster zu. „Eine Mark ist für dich. „Golddollar“ ziehst du mir bitte, das ist meine Marke“, redet er jetzt gedämpfter.

Ich presche los, bin nach kurzer Zeit mit den gewünschten Zigaretten wieder da und werfe sie ihm gekonnt durch die Gitterstäbe zu.

Das Klingelzeichen erinnert mich, dass ich jetzt schleunigst zum Unterricht muss.

Alle Mitschüler sind schon längst da und toben durch den Klassenraum. Die Tür geht auf und es erscheint eine junge Frau. Neben ihr steht ein Junge in unserem Alter. Augenblicklich ist Ruhe im Klassenzimmer und alle starren zur Tür. „Ich bin eure neue Lehrerin. Ich heiße Fräulein Speck“, stellt sie sich vor und schreibt ihren Namen an die Tafel. Leises Lachen aus den letzten Reihen ist zu hören. „Speck, ha, ha.“

„Ja und das hier ist euer neuer Schüler Carl. Carl Wiebe heißt er“, stellt sie nun den Burschen vor. Etwas verlegen steht er da und schaut nur auf den Boden. „Er kann sich an den Tisch von Ulrich setzen“, schickt sie den Carl an meinen Tisch. Ich buffe ihn kurz mit meiner Faust an und sage: „Hallo Carl. Hier in der Klasse sind alle nett und freundlich.“

Er lächelt kurz und setzt sich dann an unseren Tisch.

„Wo wohnst du denn?“, frage ich ihn jetzt leise, damit es keiner sonst hören kann.

„In den ehemaligen Offiziershäusern ganz im Süden. Auch Fräulein Speck wohnt da. Sie ist unsere Nachbarin“, antwortet Carl mit vorgehaltener Hand. „Du kannst mich ja vielleicht heute Nachmittag besuchen. Wir können Handball trainieren“, schlägt er vor. „Habe in meiner alten Heimat in einem Verein gespielt“, erklärt er mir seine Idee.

„Das könnte klappen. Wann soll ich denn da sein?“, frage ich.

„Nach den Hausaufgaben so gegen 3 Uhr wäre toll. Ich freue mich, wenn du kommst“, antwortet er mir.

„Jetzt aber sollten wir lieber wieder dem Unterricht folgen, sonst gibt es noch Ärger“, gebe ich ihm zu verstehen.

Endlich, nach der sechsten Stunde marschiere ich nach Hause. Freudestrahlend erzähle ich vom neuen Schüler und frage gleich, ob ich zu ihm kann.

„Erst frage ich dich mal etwas. Wo bitte hast du deinen Turnbeutel gelassen?“, kommt es mit leicht vorwurfsvollem Ton herüber.

„Ääh, ja leider doch vergessen. Liegt bestimmt noch im Klassenzimmer unterm Tisch“, gebe ich Auskunft.

„Wenn du heute zu deinem neuen Freund gehst, holst du aber erst deinen Turnbeutel, ist das klar, mein Sohn?“, lässt meine Mutter jetzt nicht locker.

„Mach ich, mach ich doch, klaro“, gebe ich kleinlaut an.

Nach dem Mittagessen sitze ich sofort am Tisch und erledige meine Hausaufgaben. Zum Glück sind es alles pipileichte Aufgaben und so bin rechtzeitig eine Viertelstunde vor drei Uhr fertig. Sportklamotten an und ab die Post. Im Dauerlauf erreiche ich pünktlich die Offiziershäuser. Ich staune nicht schlecht. Im Garten steht doch tatsächlich ein richtiges Handballtor. Carl ist schon da und wirft den Handball mit ziemlich Schmackes auf das Tor. „Gut, dass du gekommen bist. Geh mal ins Tor. Ich zeige dir mal einige Würfe“, fordert er mich auf. Und dann wirbelt er los. Sprungwurf von links, Sprungwurf von rechts. Mir fliegen die Bälle nur so um die Ohren. Ab und zu halte ich mal auch einen Wurf. Dann bin ich dran. Die ersten Würfe seien ziemlich mädchenhaft, meint Carl und korrigiert meine Wurftechnik. Nach einer Zeit erhalte ich ein Lob von meinem Trainer: „Schon nicht schlecht, aber du musst genauer, also platzierter und mit mehr Kraft werfen.“

Einfach gesagt, aber nicht leicht auszuführen. Nach gut

einer Stunde bin ich ziemlich durchgeschwitzt.

„Konditionell ziemlich schwach auf der Brust, mein Freund“, lästert mein neuer Freund.

„Es kann nur besser werden, wenn ich mehr trainiere“, erkenne ich. „Aber für heute habe ich genug trainiert und muss auch jetzt nach Hause, komme aber gerne wieder“, verabschiede ich mich.

„Bis morgen in der Schule“, ruft Carl mir noch nach. Ziemlich abgekämpft komme ich am Block 5 an, krauche die Treppe hoch und öffne die Wohnungstür.

Meine Mutter steht am Herd und bereitet das Abendessen vor. „Hast du deinen Turnbeutel wieder?“, schießt sie glashart die Frage ab. Ich haue mir mit der flachen gegen die Stirn und kann es gar nicht fassen, dass ich nun wieder diesen blöden Turnbeutel vergessen habe.

„Du vergisst noch eines Tages deinen Kopf. Wo hast du nur deine Gedanken? Geh deine Hände waschen und dann gibt es Abendessen. Verdient hast du kein Essen“, muss ich mir anhören. Aber dann steht doch ein Teller vor mir und ich haue rein wie ein Scheunendrescher.

Rauf und wie runter?

„Was hast du denn heute so vor bei diesem schönen Wetter?“, fragte meine Mutter etwas neugierig.
„Handball ist wieder angesagt. Carl wartet schon“, beantworte ich die Frage.

„Und was ist mit deinen Freunden Hawi und Hühnchen?“, ist ihre nächste Frage.

„Die kommen doch auch mit. Wollen unbedingt Handballspielen lernen“, versichere ich meiner Mutter.

„Na dann hau mal ab, du Handballer“, scheucht mich jetzt meine Mutter aus der Wohnung.

Hawi und Hühnchen warten schon auf mich. So können wir gleich lostigern.

Auf halbem Weg kommt uns Carl humpelnd entgegen. „Habe mir den Knöchel verknackst“, erklärt er uns leicht sauer. „Wir können aber zu den Flugzeughallen gehen“, schlägt uns Carl vor.

„Und was sollen wir da“, fragt Hühnchen etwas lustlos.

„Wir können auf das Dach eines Hangar klettern“, macht es Carl jetzt spannend. Also los.

Wir marschieren am Tower vorbei. Der hat in der Bombennacht des Zweiten Weltkrieges fast nichts abbekommen. Die Gebäude im nahen Umfeld um so mehr. Wir erreichen den Hangar und begeben uns zur Rückseite. Hier gibt es einen flachen Anbau über die ganze Breite der Halle. Eine stählerne Feuerleiter führt auf das Dach. Nacheinander klettern wir nach oben.

„Und nun, wie kommen wir weiter auf das Hallendach?“, stelle ich die berechtigte Frage.

„Dahinten ist doch die nächste Feuerleiter“, zeigt Carl in

die Richtung.
„Da komme ich aber nicht mehr mit“, protestiert Hawi.
„Dann bleibst du eben unten, du Angstbux“, feixt Hühnchen.
Wir aber steigen die Leiter hoch und stehen dann mit einem erhabenen Gefühl auf dem hohen Dach.
„Was für eine Aussicht. Man kann ja bis Agathenburg sehen“, juble ich.
„Aber nicht weiter gehen. Nicht bis zur Mitte gehen“, warnt uns Carl. Wir sehen auch, warum wir nicht weitergehen sollen. Überall sind Löcher und morsche Balken zu sehen. Einen Absturz aus dieser Höhe überlebt wohl kaum jemand. 25 bis 30 Meter hoch, schätzen wir. Vorsichtig steigen wir nach kurzer Zeit wieder auf die sichere Erde zurück.
„Und was schlägst du nun vor?“, erkundige ich mich bei Carl.
„Ich zeige euch jetzt noch eine besondere Ruine“, bietet Carl uns an. „Wir müssen aber noch ein Stückchen gehen, bis wir das zerbombte Gebäude erreichen“, fordert er uns auf.
„In dieser Gegend war ich noch nie. Das sieht ja hier schlimm aus. Hier wurde ja noch gar nichts weggeräumt“, bin ich mehr als erstaunt. Teilweise hat sich die Natur ihr Areal wieder geholt. Überall sind kleine Bäume und Büsche auf den Überresten der Häuser gewachsen. Besonders bizarr ist ein dreigeschossiger Gebäuderest. Wie Pfosten stehen die Gebäudeecken und ragen in den Himmel. Die Mitte ist total zerbombt.
„Diesen einen Pfeiler habe ich schon mal bezwungen und habe das Ende erreicht“, haut Carl nun mächtig auf die

Pauke.

„Mann oh Mann, nicht schlecht, aber das kann ich auch“, töne ich mit geschwellter Brust und voller Überzeugung.

Kaum gesagt, hab ich schon den ersten Stock erklommen. Von nun an ist es erheblich schwieriger. Kaum noch Vorsprünge, um sich hochzuziehen. Ich werde aber mutiger und riskiere noch mehr. Angekommen! Ich winke mit einer Hand den Freunden unten zu. „Los, komm wieder runter. Ich kann gar nicht hinsehen“, jammert Hawi.

„Geht gleich abwärts, ihr Angsthasen“, beruhige ich die Banausen.

Mir kommen aber langsam Zweifel, wie ich das anstellen soll. Ich kann nach unten nicht mehr sehen, wo ich hintreten muss. Etwas mulmig ist mir schon. Dann fange ich auch noch an zu zittern. Meine Beine schlackern nur so hin und her. Ich kann mich kaum noch halten. „Holt Hilfe“, rufe ich laut nach unten. „Sonst falle ich noch runter“, schluchze ich und fange an zu weinen.

„Wie und wo sollen wir denn Hilfe holen?“, fragen Hawi und Hühnchen im Chor.

„Mein Vater hat ein Diensttelefon, von dem aus rufe ich die Feuerwehr an“, meldet sich Carl zu Wort und rennt los.

„Ich kann mich nicht mehr viel länger hier oben halten“, schluchze ich und klammere mich an ein Stück Stahlmatte.

Endlich ist in der Ferne das Martinshorn der Feuerwehr zu hören.

„Halt durch, die Feuerwehr ist gleich da“, spricht Hühnchen mir Mut zu. Inzwischen ist auch Carl wieder zurück. Die Feuerwehr fährt gekonnt rückwärts an den Mauerrest heran, kurbelt dann die lange Drehleiter aus. Ein Feuerwehrmann klettert behände die Leiter hoch und ist jetzt auf gleicher Höhe mit mir. „Ganz ruhig, mein Junge. Ich hole dich hier heil runter. Gib mir deine Hand und steige dann vorsichtig rüber zu mir. Nicht mit dem linken Bein zuerst, nimm das rechte Bein“, dirigiert er mich.

Seine ruhige Stimme gibt mir Sicherheit und so stehe ich bald mit ihm auf der Leiter.

„Jetzt sehr langsam absteigen. Sprosse für Sprosse“, gibt er Anweisungen.

Nach einer kleinen Ewigkeit stehe ich wieder auf festem Boden. Ich atme tief durch und lasse meinen Tränen freien Lauf. Einer der Feuerwehrleute nimmt mich in den Arm und drückt mich an sich. „Ist ja noch mal gut gegangen“, tröstet er mich. „Aber Jungs, nie wieder klettert ihr in den Ruinen herum. Abgemacht, Ehrenwort?“ fordert er uns auf.

„Ehrenwort“, sagen vier bedrommelte Burschen.

„Los, ab nach Hause“, ruft uns der Fahrer des Drehleiterfahrzeuges zu. „Keine Angst, euren Eltern werden wir dieses Mal nichts erzählen“, beruhigt uns der Retter.

„Danke, Danke“, sage ich verlegen mit leiser Stimme und dann ziehen wir ziemlich sprachlos ab in Richtung Block 5.

Als wir auf dem Treppenabsatz an der Eingangstür sind, kommt uns meine Mutter hinterher. „Ich habe euch schon eine Weile beobachtet, ihr macht mir einen ziemlich bedrückten Eindruck. Ist was passiert?“

„Nein, nichts,“ flunkere ich.

„Doch, doch, da ist was ganz Schlimmes passiert“, sprudelt es aus Hawi heraus.

„Du alte Petze“, ermahnt ihn Hühnchen.

Aber Hawi kann nicht mehr aufhören und erzählt alles haargenau.

Meine Mutter steht mit erstauntem Gesicht und offenem

Mund da. Kann nicht glauben, dass ihr Sohn in einer so gefährlichen Situation war. Spontan, eigentlich ungewollt, holt sie weit aus und knallt mir eine deftige Ohrfeige an den Kopf.

„Was habe ich nur falsch gemacht, dass ich ein solches Kind habe?“ fragt sie leise.

Ich verkrümel mich und hoffe, dass sich das Gewitter bis zum Abend verzogen hat.

Hawi aber zeige ich den Stinkefinger und kündige ihm meine Freundschaft. „Verräter, du, du kannst mich mal kreuzweise“, ist mein letztes Wort.

Alles im Kasten.

„Wollen wir nun oder nicht?“, stelle ich die Frage an Hühnchen und Hawi.
„Klar wollen wir“, bestätigt Hühnchen seine Bereitschaft. Auch Hawi nickt und so begeben wir uns in den Keller von Hühnchens Eltern. Sein Vater hat sich dort eine kleine Werkstatt eingerichtet. Hier gibt es Unmengen von Werkzeug für Basteleien mit Holz.
„Gut, dass wir uns ein paar Bretter der Obst- und Gemüsekisten gemopst haben. Herr Grauner wird es bestimmt verkraften“, freue ich mich über den Vorrat an Brettern und Leisten. Hühnchen hat wohl ein wenig Talent von seinem Vater geerbt. Sehr gezielt sucht er sich Hammer, Nägel, Schrauben und Leim zusammen. Mit der Feinsäge kürzt er einige der Bretter und schraubt und leimt sie zu einem Kasten zusammen. „Habe mir schon gestern vor dem Einschlafen einen Plan gemacht. Im Kopf, meine ich“, erklärt der kleine Schlaumeier sein schnelles, planvolles Arbeiten.

„Ist die Öffnung oben auch groß genug für unsere Hände?“, möchte Hawi wissen.

„Natürlich, aber einen Deckel muss ich noch anfertigen, sonst regnet es rein“, beruhigt ihn Hühnchen.

„Ich habe bloß kein Klavierband für den Deckel. Muss mir irgendwas einfallen lassen“, geht er suchend im Keller umher.

„Ich habe eine Idee. Ein Lederstreifen könnte als Scharnier dienen“, schlage ich vor.

„Ja, natürlich. In einer der Kisten unter der Werkbank ist bestimmt noch ein Stück Leder von einer alten Aktenmappe“, begrüßt Hühnchen meine Idee.

„Gefunden“, zeigt Hawi stolz den Lederfetzen.

Schnell ist der Lederstreifen zugeschnitten und angenagelt.

„Funktioniert einwandfrei“, führt uns Hühnchen nun sein Werk vor.

„Ich könnte das Ding noch anmalen. Etwas Farbe für den Kasten hat mein Vater bestimmt noch im Schuppen stehen“, will sich Hawi nun auch beteiligen. Tatsächlich kommt Hawi nach kurzer Zeit mit Pinsel und Farbe zurück und fängt an zu pinseln.

„Du sollst doch den Lattenkasten anmalen und nicht deine Nase“, zeige ich lachend auf Hawis Nase.

„Jetzt, nach dem Trocknen, sieht unser Kasten wirklich wie ein Briefkasten aus“, freut sich Hühnchen.

„Nicht Briefkasten, Kummerkasten“, verbessere ich Hühnchen. „Ich hole noch ein Stück Pappe vom Zeichenblock, schreibe mit großen Buchstaben Kummerkasten drauf und klebe es vorne drauf“, schlage ich vor und bin schon unterwegs.

„Fertig, aufhängen und warten“, meine ich nach meinem letzten Handgriff. Wir können uns nach einiger Zeit einigen, den Kasten im Flur gleich hinter der Eingangstür aufzuhängen. Der Haken vom ehemaligen schwarzen Brett ist ideal für unseren Kummerkasten. Gleich morgen wollen wir nachschauen, ob schon ein Wunschzettel im Kasten ist.

Gähnende Leere empfängt uns am nächsten und auch am übernächsten Tag.

„Ich werde einen großen Zettel schreiben und unsere Dienste anbieten, damit alle Bescheid wissen“, schlage ich vor.

Gespannt öffnen wir gleich am frühen Morgen unseren

Kummerkasten. Zwei kleine Zettel liegen im Kasten und ein Kinderportemonnaie mit Kleingeld. Zettel eins ist eine Bitte, die wir nicht abschlagen können. Reichlich Löwenzahn für die Kaninchen holen gehen. Wir losen. Hühnchen verliert und macht sich fluchend auf den Weg zum Sportplatz.

Der zweite Zettel ist ein Einkaufszettel von Frau Höfer, die ganz oben im Dachgeschoss wohnt. Wir nennen die alte Frau, die mit ihrem Stock sehr zitterig geht und nur schwarze Kleidung trägt, die Hexe. Wer ihr den Namen gegeben hat, kann keiner mehr sagen. Auch für sie muss unser Kummerkasten da sein. Also marschieren Hawi und ich mit einem Einkaufsnetz zum Block 10. Im Lebensmittelgeschäft von Felix Michalczyk geben wir den Zettel ab. Nach kurzer Zeit bekommen wir die Netze mit der gewünschten Ware und das Wechselgeld zurück. Auf dem Rückweg beraten wir, wer ihr die Lebensmittel nach oben bringen soll. Diesmal habe ich den schwarzen Peter. Auch nach mehrmaligem Klopfen wird die Tür nicht geöffnet. Nur eine ziemlich barsche Stimme ruft: „Einfach hinstellen. Auch das Wechselgeld. Ich hole mir schon die Sachen selber rein.“

Ich stelle alles hin und springe die Treppe runter zu Hawi. Hühnchen ist inzwischen mit seinem Korb Löwenzahn eingetrudelt. „So eine blöde, unfreundliche Hexe“, schimpfe ich auf die Undankbare.

„Kummerkasten ist Kummerkasten, auch für Hexen“, lacht Hühnchen. Er gibt sein Kaninchenfutter ab und erhält ein kleines Geschenk. Eine bei uns sehr beliebte Wundertüte. „Lässt sich schlecht teilen“, sagt Hühnchen und behält die Tüte einfach für sich.

Am nächsten Morgen ist ein mehrfach gefalteter Zettel im Kasten. Als ich ihn auffalte, fallen aus dem Papier zwei Geldstücke. Zwei ein-Markstücke hebe ich vom Boden auf und lese dann den Zettel. *Für meine lieben Einkäufer*, steht dort in zittriger Schrift. Wir sehen uns betroffen an. So viel Geld. „Eine Hexe ist sie wohl doch nicht“, stellt Hawi fest und wir stimmen ihm zu.

Auch am nächsten Morgen ist wie immer unser erster Weg zum Kummerkasten. „Ich glaub es nicht. So ein Scheibenkleister“, schreit Hühnchen.

„Der Kummerkasten ist weg“, bemerkt nun auch Hawi.

„Ich habe so eine Ahnung, wer das gewesen sein kann“, melde ich mich zu Wort. „Unser selbsternannter Hausmeister Herr Kuhnke wird der Übeltäter sein“, nenne ich ihn beim Namen.

Wir gehen sofort hin und klopfen an seine Tür. „Was möchten denn die jungen Herren?“, öffnet er fragend die Tür.

„Haben Sie unseren Kummerkasten abgebaut?“, erkundigt sich Hawi in einen ziemlich frechen Ton.

„Habe ich schon gestern Abend abgehängt“, unterrichtet er uns.

„Dann rücken Sie ihn sofort wieder raus“, fordere ich keck.

„Den könnt ihr euch als Asche in meinem Ofen ansehen. Habe wunderbares Kleinholz gemacht und heute damit mein Feuerchen angezündet“, grinst er hämisch und schließt die Tür.

„Der wird Ärger kriegen, dieser fiese Kerl“, drohe ich ihm vor meinen Freunden. „Schuhcreme werden wir ihm an seine Türklinke schmieren und Kaugummi in sein

Schlüsselloch stopfen“, schlage ich vor.

Hawi und Hühnchen sind begeistert. „Er wird natürlich genau wissen, wer ihm den Schabernack gespielt hat“, gibt Hawi dann doch zu bedenken.

„Der soll mal zu meinen Eltern kommen und sich über uns beschweren. Rausfliegen wird er, im hohen Bogen“, kündige ich an.

„Meine Eltern können ihn auch nicht leiden“, bemerkt nun auch Hühnchen.

Also schreiten wir zur Tat, holen uns Kaugummi und Schuhcreme aus unseren Wohnungen und schmieren ziemlich satt die Klinke mit Schuhcreme ein. Ich kaue kräftig das Kaugummi durch und klebe es bis tief in das Schlüsselloch. Dann verlassen wir den Tatort schnell und lachen uns kugelig über unseren gelungenen Streich. Gehört haben wir nie etwas von unserem Hausmeister. Nur böse Blicke wirft er uns zu, wenn er auf uns trifft.

Ich sehe rot

Heute ist Familie Reinders ausgezogen. Die Gelegenheit für Hawi, Hühnchen und mich.

Ihr Stall ganz rechts ist frei. Sie haben ihn sehr sauber und ordentlich verlassen. Sogar die Innenwände sind weiß gekalkt. Wir brauchen nämlich einen Raum für unseren Micky-Maus-Club.

„Der Stall wird sofort von uns okkupiert“, sage ich in einer Art Befehlston.

„Hat dein Vater nicht einige kräftige Bohlen im Keller stehen?“ fragt Hawi.

„Ja, stimmt. Die holen wir uns und machen Sitzbänke daraus. Einfach einige Mauersteine aus einer Ruine unter die Bretter legen. Fertig ist die Bank“, veranschaulicht uns Hühnchen seine Idee.

„Licht bringe ich mit. Wir haben noch eine alte Petroleumlampe mit Docht, die ist noch funktionsfähig“, steuert Hawi etwas bei.

„Dann man los. Holt die Bohlen und die Lampe. Die Mauersteine holen wir gemeinsam. Ich werde inzwischen etwas braune Farbe und einen Pinsel holen und die Tür von außen verschönern“, fordere ich die Freunde auf.

Als die beiden mit den Sachen wieder erscheinen, fange ich gerade mit meinem Gemälde auf der Tür an.

„Was wird denn das?“ fragt Hühnchen etwas dümmlich.

„Ein Pferdekopf, du Blindfisch. Kann man doch jetzt schon gut erkennen“, hänselt Hawi.

Tatsächlich ist es mir gelungen einen sehr gut erkennbaren Pferdekopf auf die Tür zu malen.

„Edel, das Ross. Die Mähne, die Nüstern, das Maul und

die Ohren, einfach Klasse“, lobt mich Hawi.

Ich bin jetzt doch ein wenig stolz. Steine holen aus der nahen Ruine vom Block 1 ist nun angesagt.

Nach kurzer Zeit sind wir wieder zurück, stapeln die Brocken auf den sandigen Stallboden und legen die Bretter darauf. „Sitzprobe“, fordere ich Hühnchen auf.

„Perfekt“, ist dieser zufrieden. Hawi zündet nun die Lampe an.

„Wunderbar, gemütlich aber etwas kühl in dieser Bude“, bemerke ich.

„Ulrich, Ulrich, essen kommen!“, ruft meine Mutter aus dem Fenster.

„Komme gleich“, gebe ich ihr zu verstehen.

Treffen um zwei Uhr, verabreden wir uns. Um zwei sind wir pünktlich da. „Habe noch ein Vorhängeschloss mitgebracht“, zeigt uns Hühnchen das Ding.

„Das ist ja prima. Keiner kann dann etwas klauen, wenn wir nicht da sind“, stelle ich fest.

Plötzlich stehen einige ältere Kinder, die wir nur aus der Schule kennen, vor unserem Stall. „Zischt bloß ab, ihr Banditen“, fauche ich die Gruppe an.

„Wir wollen uns doch nur diesen tollen Pferdekopf auf der Tür ansehen“, gibt uns einer der Jungs zu verstehen.

„In der Schule sprechen sie davon, dass beim Block 5 ein Pferdekopf zu sehen ist“, erklärt uns das große blonde Mädchen.

„Na gut, einverstanden“, erlaubt es Hawi der Truppe.

Gerade, als wir uns in unser sogenanntes Clubheim zurück ziehen wollen, erscheint Herr Köster auf der Bildfläche. Er spielt immer gern den Blockwart und Oberaufseher. „Jungs, das geht aber nicht. Ihr könnt doch nicht einfach die Tür beschmieren. Dieser Stall ist doch ab heute Fahrradschuppen für den Block 5", erläutert er uns.

„So ein Mist, ich könnte heulen", fängt Hühnchen an zu jammern.

„Alles umsonst gemacht. Die Bretter und die Lampe holen wir aber noch schnell aus dem Stall. Wir bringen die Sachen auch gleich wieder in den Keller", fordere ich meine beiden Freunde auf.

„Fahrradschuppen, pah, der spinnt doch. Wer hat denn hier ein Rad? Deine große Schwester hat das uralte Stahlross, auf dem wir fahren gelernt haben. Rolf, der alte Angeber, hat sogar ein nigelnagelneues neues Rad. Nicht mal anfassen dürfen wir das Schmuckstück. Und natürlich fährt der blöde Köster täglich mit seinem Rennrad durch die Gegend", schimpft Hawi laut.

„Ich habe auf meinem Wunschzettel für Weihnachten Fahrrad ganz oben stehen und so einige Dinge noch", rede ich mit den beiden. „Den werde ich heute meiner Mutter geben. Ist ja nicht mehr lange hin bis Heiligabend. Zwei Monate sind schnell vorbei", erzähle ich Hawi und Hühnchen. Wir verabreden uns für den nächsten Tag und hasten die Treppen hoch zu unseren Müttern. Schnell gehe ich zu meiner Schultasche, krame meinen Wunschzettel hervor und übergebe ihn erwartungsvoll.

„Sehr interessant, Ulli Knulli", amüsiert sich meine Mutter.

„Ich habe auch einen Wunschzettel geschrieben", verrät sie mir. Ich bin total verdattert und frage sie: „Was steht denn da drauf?"

„Du kannst doch lesen, oder?" Sie übergibt mir den Zettel. Sie wünscht sich: immer gleich nach Schulschluss nach

Hause kommen. Hausaufgaben ohne murren erledigen. Nicht mehr schlimme Wörter sagen. Scheiße, Kacke, Sau, Pisser und Arschloch sind tabu. Beim Abräumen helfen. Regelmäßig abtrocknen. Nicht deinen Bruder ärgern und schlagen. Kohlen aus dem Keller holen.

„O Mann, o Mann, das sind ja tausend Wünsche", staune ich und verspreche, dass ich ein lieber und artiger Junge werden will. „Was soll ich denn statt Arsch sagen?" frage ich scheinheilig.

„Gesäß oder Po kannst du sagen", schlägt meine Mutter vor.

„Dann sage ich also du blödes Gesäßloch." Ich lache mich tot.

„Mal sehen, was bei dir aufgeschrieben steht", spricht sie leise mit sich selbst. „Mein lieber Junge, so leid es mir tut, aber an ein Fahrrad ist nicht zu denken", gibt sie mir zu verstehen.

„Rolf, die große Schwester von Hühnchen und unser Wolfgang haben doch auch ein Rad", fange ich an zu betteln.

„Wolfgang hat ein sehr altes Damenfahrrad, genau so wie Karin", gibt sie mir die Antwort. „Rolf ist ein Einzelkind, sein Vater verdient viel Geld mit irgendwelchen krummen Geschäften. Wir aber haben drei Kinder. Dein Vater ist sehr fleißig, verdient aber sehr wenig. Wie sollen wir da zwei Räder kaufen? Einen Esel, der Dukaten sch..." Weiter spricht sie lieber nicht. Wir dürfen ja auch nicht solche Worte sagen. „Oder glaubst du, dein Zwillingsbruder möchte kein Fahrrad?", hofft meine Mutter auf mein Verständnis.

So langsam begreife ich, auf ein Rad brauche ich nicht zu

hoffen.

Ziemlich traurig verbringe ich die sonst so schöne Adventszeit mit meinen Freunden. Und dann ist endlich Heiligabend. Unser Baum ist, wie jedes Jahr, von meinem Vater liebevoll geschmückt worden. „Etwas viel Lametta, wie jedes Jahr“, stänkert mein großer Bruder und wir müssen lachen. Ich bekomme einen Stabil-Baukasten, Süßigkeiten und einen warmen Pullover. Wie immer von Muttern, der Künstlerin, gestrickt. Nach dem Essen fange ich sofort an mit meinem Geschenk zu spielen.

„Klaus und auch du, Ulli, jeder holt jetzt bitte einen Eimer mit Kohlen aus dem Keller, damit ich in der Früh nicht runter muss“, bittet sie uns.

Ich maule etwas, weil ich doch gerade so schön mit Klaus spiele. „Ab die Post, in den Keller, aber dalli dalli“, treibt sie uns an. Mit den leeren Eimern marschieren wir los in den Keller. Die funzlige Beleuchtung ist diffus wie immer. Wir sind zwar zu zweit, fürchten uns aber doch ein wenig in diesem düsteren Kellerflur. „Mach schnell, Klaus, aufschließen“, treibe ich ihn an.

Wir öffnen die Tür, schalten das separate Licht an und fallen augenblicklich fast in Ohnmacht.

„Ulli, Ulli!“, schreit nun Klaus voller Begeisterung.

Ich kann es einfach nicht glauben. Vor uns stehen doch tatsächlich zwei nagelneue, total rote Fahrräder mit allem drum und dran. Licht, Klingel, Gepäckträger, Luftpumpe usw. Mir kullern die Tränen nur so runter. „Nie, nie habe ich noch an ein Fahrrad geglaubt“, heule ich wie so oft. Klaus ist da ungerührter, aber heute doch auch etwas ergriffen. Schnell schaufeln wir Kohlen und die Briketts in die Eimer. Stürmen trotz der schweren Eimer die Treppen hoch in den zweiten Stock, reißen die Tür auf, stellen die Eimer ab. Jetzt kann uns keiner mehr halten. Wir springen unseren Eltern in die Arme, drücken, küssen sie wie wild.

Nun mal etwas sachter. Ihr erdrückt ja eure liebe Mutter", ermahnt uns unser Vater. „Die Überraschung ist uns ja wirklich gelungen, stimmt es?"

Beide nicken wir und strahlen um die Wette.

„Können wir heute Abend nicht noch mal eine Runde drehen?", traut sich Klaus zu fragen.

„Ihr könnt eine Runde Richtung Bett drehen, Zähne putzen und von der Bildfläche verschwinden. Morgen ist nämlich auch noch ein Tag. Gute Naaacht", lacht meine Mutter und schickt uns ins Bett. Was für eine Weihnacht!

Wir Flaschenkinder

Regelmäßig Taschengeld gibt es leider nicht. Das monatliche Einkommen meiner Eltern reicht man knapp bis zum Monatsende. Für besondere Anschaffungen und Notfälle wird das Geld gespart. Das heißt aber nicht, dass wir keine anderen Quellen haben. Alteisen, Altpapier und Pfandflaschen sind da so unsere Renner. Besonders die Flaschen von der nahen Müllkippe sind für uns sehr wichtig.

Wie schon so oft, sitzen Hawi, Hühnchen und ich in der kleinen Baumgruppe, gleich hinter den Ställen. Wir schnitzen an langen Ästen herum und langweilen uns mal wieder.

Dann springt plötzlich Hühnchen auf und hat eine grandiose Idee. „Wir können doch zur Müllkippe gehen und Flaschen ausbuddeln. Schließlich ist doch heute der Müll von Bauer Listau abgefahren worden“, erklärt er uns.

„Aber dann kommen wir wieder nach Rauch und Müll stinkend nach Hause“, gibt Hawi zu bedenken.

„Na und?“, gebe ich an.

Also stiefeln wir los. Die Ausbeute ist heute nicht besonders. Nur vier Flaschen, einfach zu wenig.

„Da machen wir einfach mehr draus“, rede ich geheimnisvoll.

„Und wie bitte will unser Angeber das wohl machen?“, fragt mich Hühnchen wenig überzeugt. „Wir sind doch zu dritt“, fange ich an zu erklären. „Also, Hawi gibt erst zwei Flaschen ab. Die stellt der Grauner dann wie immer in die Kisten hinter der Bude. Dort stehen doch immer mehrere Kisten mit vielen leeren Flaschen. Nach gut einer Stunde gehst du hin, Hühnchen, bringst ebenfalls zwei Flaschen hin und verwickelst den Grauner in ein Gespräch über das

Pfandgeld. Ob das wohl für drei Bananen reicht oder so. Du musst besonders viel und dumm fragen, damit der Grauner völlig genervt und abgelenkt ist. Hawi und ich schleichen derweil von hinten an die Bude ran, greifen uns leise einige Flaschen aus den Kisten und verduften dann. Habt ihr Penner das verstanden?“, beende ich meinen langen Vortrag.

„Wir sind doch nicht so doof, wie du immer denkst“, entrüstet sich Hawi. Etwas mulmig ist uns schon und unser Herz klopft uns bis zum Hals, als wir unsere Aktion beginnen.

Das Glück aber ist heute auf unser Seite. Die Saufkumpanen, die sonst immer hinter der Bude sitzen, sind schon recht früh abgezogen. Auch Herr Grauner hat schon so einiges getankt und steht nicht mehr allzu gerade in seiner Bude.

„Ich habe hier zwei Flaschen, Herr Grauner. Bekomme ich dafür zwei Bananen oder zwei Äpfel?“, verwickelt Hühnchen wie geplant unseren Gemüsehändler in ein Gespräch. Der schluckt kräftig und meint dann: „Zwei Ohrfeigen kannst du bekommen für deine blöden Fragen.“

„Nein, nein, danke, Herr Grauner“, heult nun Hühnchen gekonnt.

Inzwischen ist es Hawi und mir gelungen, je sechs Flaschen in einen Beutel zu verfrachten und dann die Kurve zu kratzen. „Ich komme morgen wieder“, beruhigt nun Hühnchen den ziemlich angetrunkenen Gemüsehändler und rennt los.

„Das lief ja wie geplant“, triumphiere ich.

„Morgen geben wir unsere Beute ab“, schlägt Hawi vor.

Am nächsten Tag begrüßt uns Herr Grauner entgegen seiner sonst so mürrischen Art mit: „Guten Tag, die jungen Herren. Ihr habt ja fleißig gesammelt, sehe ich. Was möchten meine Freunde denn für das Pfandgeld kaufen?"

„Wir sollen für meinen Vater drei Stumpen kaufen", lügt nun Hawi ohne rot zu werden.

„Stimmt das wirklich?", hinterfragt misstrauisch unser Trinker.

„Natürlich stimmt das", bekräftigt Hawi seinen Wunsch und wir nicken zustimmend.

Mit den Zigarren in der Tüte suchen wir nun unsere Baumhöhle am Sportplatz auf. Jeder von uns sitzt nun wie Graf Koks mit einer Zigarre im Mund auf der Matratze in der Höhle.

Dicke Qualmwolken durchziehen nun die Kronen der Mirabellenbäume. Kräftige Hustenanfälle sind wohl schon von weitem zu hören. Als erster winkt Hühnchen ab.

„Habe genug von diesem Qualm und mir ist schlecht", jammert er vor sich hin.

Auch Hawi und mir bekommt die Zigarre nicht besonders. Hawi wird plötzlich ziemlich blass und stürzt fast vom Baum. Ich werfe meinen Stumpen im hohen Bogen aus der Baumhöhle und kotze wie ein Reiher. Langsam beruhigen sich unsere Mägen wieder und wir klettern noch etwas benommen vom Baum.

„Nie wieder", schwört Hawi, „werde ich eine Zigarre rauchen.

„Wir sollten uns besser Zigaretten kaufen", gebe ich schon wieder an. „Die kleine Packung der Marke LOYD gibt es sehr, sehr billig", erkläre ich den beiden „Rauchern".

„Nee, beim nächsten Mal sollten wir uns lieber Schokowaffeln kaufen", meint nun Hühnchen.

Wir müssen lachen und schlagen den Weg zum Block 5 ein.

„Ihr stinkt wie eine Rotte Wildschweine. Wonach riecht ihr Burschen nur?“, fragt meine Mutter, als wir die Hoftür öffnen und sie vor uns steht. „Ihr habt doch nicht etwa geraucht?“ forscht meine Mutter nach und schaut uns tief in die Augen.

„Wir waren auf der brennenden Müllkippe“, versucht Hühnchen die Situation zu retten.

„Habe ich dir nicht schon hundert mal verboten, die Müllkippe aufzusuchen?“, schimpft nun meine Mutter. „Ich werde es auch euren Müttern erzählen, wo ihr Burschen heute rumgestromert seid“, droht sie uns. „Das gibt bestimmt zwei Tage Stubenarrest“, verkündet sie ziemlich sauer.

Wir zwinkern uns zu und verabschieden uns: „Bis die Tage“.

Ach, Schule

Immer, wenn ich aus der Schule komme, treffe ich auf Frau Kuhnke. Entweder harkt sie gewissenhaft das Laub vom Rasen vor Block 5 oder sie gießt bei Trockenheit ihre Blumen, die sie vor ihre Erdgeschosswohnung gepflanzt hat. Manchmal schnattert sie auch nur mit einer Nachbarin aus dem Block. Aber ständig, also gefühlt schon hundert mal, fragt sie mich über die Schule aus. Gehst du gerne in die Schule? Habt ihr denn heute etwas gelernt? Sind die Lehrer und Lehrerinnen nett oder streng? Hast du gute Zensuren? Stets antworte ich sehr genervt nur einsilbig mit ja oder nein. Heute aber hat sie sich wohl vorgenommen, mich nicht gehen zu lassen, bevor ich nicht ein wenig ausführlicher Auskunft über die Schule gegeben habe.

„Ulrich, ich bin ja nur so neugierig, weil ich beim Schulamt in Stade arbeite, besondere Vorkommnisse oder Missstände aufdecken möchte, sie dann abstelle und gegebenenfalls Verbesserungen erwirken kann. Verstehst du das?", hat sie nun sehr lange auf mich eingeredet. Ich nicke heftig und sage dann zu ihr: „Ich muss vorher zu Mittag essen, komme aber nachher runter zu Ihnen."

„Prima, sage aber deiner Mutter Bescheid, damit sie einverstanden ist", schickt sie mich nach oben.

Als ich gegen drei Uhr an ihre Tür klopfe, hat sie mich schon erwartet. Ein kleiner Tisch neben den Sesseln ist eingedeckt. Eine Schale mit selbst gebackenen Keksen und tatsächlich Brause stehen auf dem Tisch. „Setz dich doch, Ulrich, und erzähl mir mal ganz genau, was dir nicht in deiner Schule gefällt", fordert sie mich nun auf. Ich atme erst mal tief durch, mopse mir dann schnell noch einen

Schokokeks, trinke einen Schluck und lege dann los: „Also, besonders blöd ist, dass wir jeden Morgen vor Unterrichtsbeginn, egal, wie das Wetter ist, auf dem Hof in Reihe, klassenweise antreten müssen. Auch nach dem Klingelzeichen, also nach Pausenende, stehen wir paarweise in Reihe und dürfen erst nach Aufforderung losgehen. Dann an den Milchkästen vorbei, geben wir die leeren Milch- und Kakaoflaschen ab. So stelle ich mir das bei den Soldaten vor. Antreten, stramm stehen und im Gleichschritt Marsch“, schildere ich den morgendlichen Schulbeginn und die Pausen.

„Na, na beim Militär geht es aber sehr viel strenger zu“, wirft Frau Kuhnke ein.

„Allerdings glaube ich nicht, dass die Soldaten geschlagen werden“, gebe ich zu bedenken.

„Wer bitte schlägt denn an deiner Schule die Kinder“, will Frau Kuhnke jetzt genau wissen.

„Als ersten und gemeinsten Schläger muss ich den Hausmeister Strowe nennen. Bei der kleinsten Kleinigkeit holt er aus und verpasst einem eine deftige Ohrfeige. Auch Rektor Steinbock und der Konrektor Hülter gehören zu den Typen, die mit Hand und Rohrstock strafen“, zeichne ich jetzt ein Bild von diesen Pädagogen.

„Habe ich mir notiert“, wirft Frau Kuhnke kurz ein.

„Ja, da ist auch noch der Junglehrer Holtermann. Ein richtiger Wutbolzen, aber keiner, der prügelt. Wenn man bei einer Berichtigung eines Diktats in der ersten Zeile schon ein Komma vergisst, kann er zum Tier werden. Mit dem Rotstift streicht er den Fehler von oben der Seite, bis zum unteren Ende des Blattes an. Eine weitere Bestrafung ist das Nachsitzen“, gebe ich meine Erfahrungen weiter.

„Halt mal Ulrich. Nachsitzen ist doch ein ziemlich harmloser Denkzettel, finde ich“, unterbricht mich meine Zuhörerin.

„Finde ich auch. Allerdings müssen die Eltern vorher informiert werden, damit sie sich keine Sorgen machen, wenn ihr Kind nicht zur erwarteten Zeit von der Schule kommt“, stimme ich ihr zu. „Also Strafe erst am nächsten Tag. Weiterhin ist mir und meinen Eltern aufgefallen, dass Frau Speck einen Jungen unserer Klasse besonders benotet. Selbst wenn sein Aufsatz nur eine Vier verdient hat, bekommt er eine Zwei. Ich sitze neben Carl, habe aus Versehen mal sein Heft in meine Schultasche gesteckt und es meiner Mutter gezeigt. Die war sehr erstaunt und hat noch am Nachmittag das Heft zu ihrer Schwester mitgenommen. Die ist Lehrerin für Deutsch und Kunst an der Camper Schule“, rede ich jetzt schon eine Weile ohne Pause.

„Trink doch zwischendurch mal ein Schluck Brause und iss noch einen Keks“, unterbricht Frau Kuhnke mich freundlich.

„Auch meine Tante hat sich die Aufsätze mit ihrem Kaffeebesuch, einer Kollegin, angesehen. Ergebnis, keine Zensur ist angebracht. Für die Einsen und Zweien sind eher Dreien und Vieren angemessen. Ist vielleicht auch noch erwähnenswert, Frau Speck wohnt Tür an Tür mit Carl in den ehemaligen Offiziershäusern“, beende ich meine ausführliche Schilderung.

„Oh ja, das ist schon wichtig, Ulrich. Ich habe mir Notizen über deine Anschuldigungen gemacht. Schon morgen werde ich mit dem Schulrat sprechen. Da wird sich einiges ändern. Versprochen! Jetzt möchte ich dir auch eine Geschichte erzählen, eine, wie ich finde, sehr lustige. Du kannst dich bestimmt nicht mehr daran erinnern“, fährt sie fort. „Es war dein erster Schultag nach der Einschulung. Ich traf dich auf der Eingangstreppe. Auf meine Frage, wie war es denn in der Schule,erhielt ich folgende Antwort: Ja, ganz gut, aber morgen werden wir eine schwere Klassenarbeit schreiben“, gibt sie lachend meine Antwort wieder.

Auch ich muss jetzt lachen.

„Ich glaube, wir haben alles besprochen, Ulrich. Du kannst die Schale mit den Keksen mitnehmen. Stellst sie mir dann später vor die Tür. Aber unbedingt deinem Bruder Klaus Kekse abgeben“, verabschiedet sie mich.

„Insgesamt war es ziemlich anstrengend. Musste die Vorkommnisse sehr genau aufzeigen“, berichte ich meiner Mutter.

„Mach bitte schnell deine Hausaufgaben und dann ab nach draußen. Hawi und Hühnchen warten schon auf dich“, treibt sie mich mit einem Lächeln auf den Lippen an.

Schnell habe ich die wenigen Aufgaben erledigt und flitze sofort runter.

„Na endlich“, begrüßt mich Hawi.

„Hast du die Prügellehrer beim Namen benannt?“, fragt mich Hühnchen.

„Klar, habe ich“, bestätige ich.

„Das gibt eine Abreibung für die Prügelknaben“, jubeln beide.

So ein Zirkus

Die Wohnungen in den ehemaligen Kasernengebäuden in Stade-Süd sind ein Segen für alle Heimatvertriebenen. Auch wenn die Wohnungen teilweise sehr klein sind, so wohnt man doch allein und ist nicht Untermieter. Besonders eng ist es natürlich, wenn die Familie drei oder vier oder sogar fünf Kinder hat. In den warmen Monaten spielt sich das Familienleben daher oft unter freiem Himmel ab. Nur bei Regen dürfen wir drinnen spielen.

So sitzen wir also wie immer auf dem Geländer am Giebel vom Block 5. Das Geländer schirmt den ehemaligen Ausstieg vom Luftschutzbunker ab. Hawi hat eine Idee, die Hühnchen und ich sofort umsetzen wollen.

„Wenn wir das waagerechte Gitter vom Ausstieg anheben können“, sagt Hawi, „sollten wir zum Ausstieg gelangen und dort mal versuchen, den Hebel der schweren Stahltür zu entriegeln.“

„Und wer soll da runter steigen in die Krötenhöhle?“, frage ich.

„Immer der, der fragt“, erwidert Hühnchen.

In diesem Moment hören wir von der Straße her das typische Geräusch eines Bulldozers. Wir rennen die 25 Meter zur Straße hin, um zu sehen, wer da wohl angeblubbert kommt.

„Ein Zirkus“, schreit Hawi und klatscht vor lauter Freude in die Hände. Er kann es ja auch lesen. Steht es doch mit großen Buchstaben an den bunten Zirkuswagen.

„Das müssen wir uns mal ganz genau ansehen“, meint Hühnchen ruhig.

Erst aber ist jetzt Mittagessen angesagt, denn den Ruf

meiner Mutter kann man nicht überhören.

„Treffen nach dem Essen, so gegen 13:00 Uhr am Luftschutzbunkereinstieg?“, fragt Hühnchen.

„Klaro“, sagt Hawi und ich nicke mit dem Kopf.

13:00Uhr und wer ist nicht da? Hawi! Hat wohl wieder Stubenarrest.

Also warten wir nicht länger und marschieren los. „Na, das ist ja wirklich ein sehr, sehr kleiner Zirkus“, bemerke ich enttäuscht. In einer Entfernung, auf einer Freifläche hinter Block 1, stehen vier Zirkuswagen, zwei Trecker und kein Zelt. Nur 2,5 Meter hohe Planen sind an Drähten zwischen einigen Pfählen gespannt und bilden einen großen Kreis.

„Dahinter ist wohl die Manege?“, fragt Hühnchen bisschen dümmlich.

„Muss wohl“, antworte ich. „Wir werden es sehen, wenn wir die Vorstellung um 15:00 Uhr besuchen“, vertröste ich Hühnchen.

Bis zur Vorstellung ist noch Zeit und so laufen wir zu unseren Müttern. Wir betteln und erhalten dann doch nach einigem Zögern das Eintrittsgeld.

Kurz vor 15:00Uhr ist Einlass. Eine einzige Sitzbankreihe rund um die Manege, die mit Sägespänen abgestreut ist, sehen wir. Tatsächlich sind auch einige Zuschauer gekommen, die nun voller Spannung auf die Vorstellung warten. Zuerst erscheint ein grell geschminkter Clown mit riesigen Schuhen, roter Hose, einer viel zu großen roten Jacke mit weißen Punkten und einer gewaltigen schwarzen Fliege um den Hals. Er begrüßt einen älteren Jungen, indem er ihm die Hand reicht. Im selben Moment, als der Junge zugreift, ertönt eine laute, schrille Tröte, die der Clown in seiner linken Hand verborgen hinter dem Rücken hält. Sichtlich erschrocken zieht der Junge seine Hand zurück und die Zuschauer lachen. Nun spielt er eine flotte Melodie auf seiner Klarinette, während ein flacher, quadratischer Tisch in der Mitte der Manege aufgebaut wird. Nach einem Tusch erscheint nun ein Mädchen in unserem Alter. Kurze, dunkle Haare und sehr schlank. Ich habe nur noch Augen für diese kleine Schönheit. Sie vollführt Verrenkungen auf dem Tisch, die man vermutlich nur ohne Knochen im Körper ausführen kann.

„Ist das ein Schlangenmensch?“ fragt mich Hühnchen.

„Muss wohl so sein“, antworte ich völlig abwesend. Den weiteren Verlauf der Vorstellung bekomme ich kaum noch richtig mit. Erst als meine Kleine wieder auf dem Rücken eines Ponys in der Manege erscheint und ein paar waghalsige, akrobatische Übungen zeigt, bin ich wieder voll da und klatsche voller Begeisterung wie ein Wilder.

Nach Ende der Vorstellung mag ich gar nicht nach Hause gehen. Hühnchen verabschiedet sich. Er will noch nach Hawi schauen, der ja durch den Stubenarrest nicht zum Zirkus durfte.

Ich will mir noch das Pony und das Dromedar ansehen, die hinter den Zirkuswagen angepflockt sind.

Und dann steht sie plötzlich neben mir. Ich habe sie gar nicht kommen gehört. „Gibt es hier einen Spielplatz oder etwas anderes Interessantes?“, spricht sie mich an.

Ich fange an zu stottern, was sonst ja nicht der Fall ist.

„Nein, ja, aber eigentlich nicht.“ Doch dann fange ich mich und habe eine tolle Idee. „Wir können zum Sportplatz gehen. Dort stehen um den ganzen Platz herum große Mirabellenbäume mit vollreifen Früchten“, schlage ich vor.

„Lass uns gehen. Das ist ja fabelhaft. Ich liebe Mirabellen“, sprudelte es aus ihr hervor.

Als nun langsam die Sonne untergegangen ist, will und muss meine kleine Freundin wieder zurück.

Wie schade, denke ich und nehme all meinen Mut zusammen. „Kann ich nicht mit euch reisen?“ frage ich voller Hoffnung.

„Aber du kannst doch keine Kunststücke, keine Zaubertricks und reiten kannst du auch nicht“, sagt sie leise.

„Den Clown könnte ich doch lernen und spielen. Oder ich trete als großer Zauberer auf. Simsalabim, bamba, saladu saladim“, schlage ich ihr vor.

Sie sieht mich eine kurze Weile an und sagt dann: „Gut, komm morgen sehr früh. Bring alles mit, was man so für eine längere Reise braucht.“

„Ja, ja“, rufe ich voller Freude und renne los. Das wird nicht ganz, leicht denke ich. Ich werde meinen Turnbeutel voll mit Klamotten stopfen. Mein zweites Paar Schuhe binde ich zusammen und hänge es an den Beutel. Das muss ich natürlich sehr, sehr heimlich machen. Etwas zu Essen werde ich auch wohl brauchen. Die Gelegenheit ist mehr als günstig. Meine Mutter hat große Wäsche und ist wohl noch für Stunden in der Waschküche. Die gepackten Sachen verstaue ich im Keller, in der Hoffnung, dass keiner der Familie noch etwas aus dem Keller braucht. Nach dem Abendessen täusche ich große Müdigkeit vor und möchte, zum Erstaunen meiner Eltern, früh ins Bett. Will ja doch morgen rechtzeitig aufwachen.

6:30 Uhr, mein Vater ist schon außer Haus. Der Rest der Familie schläft noch. Ich greife meine Kleidung und schleiche mich leise aus der Wohnung. Waschen und Zähneputzen fällt heute aus. Aber meine Zahnbürste packe ich noch schnell ein. Voller Vorfreude springe ich die Treppe herunter, hole meine Sachen aus dem Keller und sprinte los. Biege am Block 1 um die Ecke und bleibe wie vom Blitz getroffen stehen. Nichts, gar nichts mehr war auf dem Platz zu sehen. Nur das niedergedrückte Gras verrät noch, dass hier der Zirkus gestanden hat. Tränen schießen mir augenblicklich in die Augen. Nicht mal ihren Namen weiß ich. Auch nicht die nächste Stadt, die sie ansteuern. Völlig niedergeschlagen und heulend trotte ich nach Hause und verstecke meinen Turnbeutel wieder im Keller. Ich öffne vorsichtig und leise die Wohnungstür. Umsonst! „Ertappt, mein lieber Freund. Ich frage mich, wo du wohl gewesen bist", höre ich meine Mutter.

„Ich war auf der Toilette. Habe unglaubliche Bauchschmerzen und Durchfall von den Mirabellen", lüge ich ziemlich ungeniert.

„So, so auf Klo war der Herr. Warum du aber vollständig angezogen bist, kannst du wohl nicht erklären", wettert jetzt meine Mutter. „Iss nun dein Frühstück", klingt es nun schon etwas versöhnlicher. „Über deine Ausrede reden wir zwei noch. Ist doch wohl klar, mein Sohn?"

Land unter

Am nächsten Morgen gehe ich wie immer zur Toilette, die sich gleich neben der Waschküche befindet. Also außerhalb der Wohnung. Jede Wohnung hat dort eine eigene Toilette. Die sechs einzelnen Boxen sind mit Holzwänden abgetrennt und haben eine Tür mit Verriegelung innen. Drei Waschbecken vervollständigen die WC-Anlage. Das Handtuch bringt jeder Klogänger mit. Natürlich hat dieser Raum auch ein Fenster, das sinnvollerweise immer in Kippstellung steht. Als ich nun von meiner morgendlichen Sitzung komme, hängt doch ein Stoffbeutel an unser Wohnungstür. Neugierig öffne ich die Schleife und erkenne zwei Comichefte. Micky Maus und Donald Duck mit Tick, Trick und Track. Das kann nur von Hawi kommen. Möchte sich damit wohl entschuldigen für den gestrigen Verrat.

Nach dem Frühstück gehe ich rüber und klingele an seiner Tür. „Ist jetzt alles wieder gut?“, fragt Hawi gleich, nachdem er erkennt, wer vor Tür steht. Ich reiche ihm meine Hand und rede nicht mehr von gestern. „Du bleibst natürlich mein Kumpel, genauso wie Hühnchen“, versichere ich ihm. Hawi strahlt und macht einen tollen Vorschlag für den heutigen Tag.

„Wir können doch zur weißen Brücke gehen und dort im Bach einige Stichlinge fangen“, schlägt er vor. „Habe auch schon Hühnchen gefragt. Der will natürlich auch mit“, informiert er mich. „Los, wir gehen Hühnchen abholen“, fordert Hawi mich auf.

Hühnchen hat tatsächlich schon seinen Kescher parat und eine Flasche Brause in seinem kleinen Rucksack.

„Das ist ganz wichtig bei dieser Hitze. Trinken, trinken“,

belehrt uns Hühnchen.

„Ich habe ein großes Glas mit für die Stichlinge. Da werde ich mir Brausepulver reinschütten und dann mit dem Wasser des Heidbaches auffüllen“, stelle ich meine Idee vor.

„Große Klasse, aber lasst uns jetzt losgehen“, treibt Hawi uns an. Wir marschieren nun mit flottem Schritt auf der unbefestigten Straße, die nach Riensförde und Barge führt.

Uns entgegen kommt ein schwerer Ackerwagen. Bauer Listau mit seinem Kaltblüter Lord.

„Na ihr Banausen. Was führt ihr denn wieder im Schilde“, fragt er mit einem fast lachenden Ton.

„Wir wollen nur zum Heidbach und Stichlinge fangen. Und wenn es da keine gibt, gehen wir weiter zum Stüwensee“, gibt Hühnchen Auskunft.

„Na dann, Petri heil“, wünscht uns lachend Bauer Listau. „Aber ihr müsst gut achtgeben. Vor vielen Jahren ist dort ein Junge in eurem Alter ertrunken. Sein Name war Stüwen. Darum nennt man den Teich Stüwensee“, warnt er uns und zuckelt weiter.

Wir sind angekommen, gehen rechts von der Brücke die Böschung runter und erreichen ein kleines Wäldchen, durch das sich der Bach schlängelt. Unsere Lieblingsstelle dort ist ein sandiger Bereich in der Mitte des Rinnsals. Eine Art Sandbank, die man bei dieser Trockenheit gut betreten kann.

„Sieht nicht gut aus, für erfolgreiches Fischen, bei diesem Wasserstand“, unkt Hawi.

„Macht nichts. Ich habe eine andere Idee. Wir bauen einen Staudamm aus Ästen, Schilf und Blättern“, schlage ich meinen Freunden vor.

„Genial“, gratuliert mir Hühnchen zu dieser Idee.

Wir tippeln los um das Material zu suchen. Jeder in eine andere Richtung. Totholz gibt es in diesem Wäldchen natürlich in Hülle und Fülle. Schon nach kurzer Zeit haben wir ausreichend Baustoffe zusammen. Wir stecken zuerst die dicken, kräftigen Äste in den weichen Sand. Mit den langen, biegsamen Ruten flechten wir ein enges Gitter. Die Zwischenräume füllen wir mit Schilf, Gras und Blättern aus.

„Sieht richtig toll aus“, lobt sich Hühnchen selbst.

Leider führt unser Miniflüsschen nur sehr wenig Wasser. Die lange Trockenheit zeigt Wirkung.

„Lass uns zum Stüwensee gehen“, fordert uns jetzt ein enttäuschter Hawi auf.

„Schaut mal nach oben zum Himmel. Da haben sich einige dicke, dunkle Wolken gebildet. Ein Gewitter liegt in der Luft“, kläre ich die beiden Baumeister auf.

„Dann sollten wir uns sputen, wenn wir nicht völlig durchnässt nach Hause kommen wollen“, treibt uns Hühnchen an.

Mit den ersten dicken Tropfen kommen wir am Block 5 an.

„Das war knapp. Haben zum Glück nichts auf die Mütze bekommen“, freue ich mich.

„Bei diesem Wolkenbruch gehe ich heute nicht mehr vor die Tür. Werde mit meinem Stabilbaukasten spielen“, klärt uns Hawi auf.

„Morgen können wir ja mal zu unserem Staudamm gehen und nachschauen. Vermutlich hat das Wasser inzwischen unser Bauwerk zerstört“, verabschiede ich mich. Wir können den nächsten Morgen kaum erwarten und treffen uns gleich nach dem Frühstück im Flur, um Kriegsrat zu halten.

Einstimmiges Ergebnis: Auf zum Staudamm. Als wir den Bahnübergang überqueren und den Weg in Richtung Riensförde einschlagen, trauen wir unseren Augen nicht. Wo gestern noch Wiesen und ein Kornfeld waren, hat sich eine riesige Wasserfläche gebildet.

„Wir müssen sofort den Damm zerstören, damit nicht noch mehr Wasser in die Senke fließt“, dränge ich zum Weitergehen. Kurz vor der weißen Brücke erkennen wir einige Personen, die aufgeregt hin und her laufen. „Da können wir nicht hin. Sonst haben die uns gleich im Verdacht“, warne ich meine Freunde.

Also kehren wir lieber um. Nach einigen Schritten sehen wir, wie gerade Bauer Listau den Bahnübergang passiert.

„Au, Scheiße“, ruft Hühnchen aufgeregt. „Wenn der uns sieht, ist alles vorbei“, flennt er fast.

Wir schlagen uns nach rechts in die Büsche und schleichen uns geduckt in Richtung altes Rollfeld.

„Wenn wir jetzt zu Hause ankommen, gilt absolutes Stillschweigen. Ist das klar?“, fordere ich von den beiden.

„Ich schwöre“, verspricht Hawi und Hühnchen schließt sich an.

„Gut, dass ihr drei Burschen kommt“, freut sich meine Mutter. „Ihr könnt Butterblumen für die Hühner holen. Aber reichlich. Dann freuen sich eure Eltern bestimmt“, wünscht sich meine Mutter.

Ob das die Strafe des lieben Gottes ist?, fragen wir uns und traben ab zum Sportplatz.

Au Backe, Hühnerkacke

Schon in den frühen Morgenstunden hat es angefangen zu regnen. Unaufhörlich schlagen die dicken Tropfen gegen die Fensterscheiben. „Das pisst und pisst", sage ich laut.

„So was will ich nicht gehört haben. Diese Kraftausdrücke möchte ich nicht in meiner Wohnung hören", poltert meine Mutter entrüstet los. Ich antworte mit einem lang gezogenem „Jaaaa, habe verstanden".

Es ist aber auch ein Tag zum Verzweifeln. Mein großer Bruder ist für einige Tage zu unserer Tante nach Bendesdorf gefahren. Wolfgang ist ihr Lieblingsneffe. Mein Zwillingsbruder Klaus durfte bei seinem Freund Rolf übernachten. Hawi und Hühnchen waren mit ihren Müttern in die Stadt gefahren, um Schuhe zu kaufen. Stündlich fährt nämlich ein Bus vom Wendeplatz gegenüber des Krankenhauseingangs in die Stadtmitte und hält am Pferdemarkt direkt vor dem Zeughaus. An einigen Tagen fährt der Bus sogar mit einem Hänger zur Personenbeförderung in die Stadt. Immer mit an Bord ist der meist gut gelaunte Kassierer mit seiner kleinen Wechselgeldmaschine vor der Brust. Kurz vor Abfahrt kommt er dann von vorne mit schnellen Schritten zur offenen Anhängertür nach hinten, steht lässig in der Tür und gibt mit lautem Ruf das Kommando für den Fahrer: „Fahrtig, fahrtig und jetzt losch." Soll heißen, ich bin fertig, du kannst losfahren. Dabei fuchtelt er wie wild mit dem rechten Arm in der Luft herum als Zeichen für den Busfahrer. Wir Kinder fahren immer gern im Anhänger mit, dort schaukelt es bei schneller fahrt so wunderbar.

Es hat noch immer nicht aufgehört zu regnen.

„Kann ich Rolf zum Spielen zu uns holen?", frage ich

vorsichtig meine Mutter. „Ja, aber nicht allzu lange. Ich will nachher Fensterputzen und da seid ihr mir nur im Weg. Getobt wird aber nicht“, erläutert meine Mutter.

Ich flitze los und klopfe wenig später an die Wohnungstür im Erdgeschoss.

Rolf öffnet die Tür und ist ziemlich erstaunt. „Du willst mit mir spielen?“, erkundigt er sich schüchtern bei mir.

„Ja, wir dürfen bei uns oben spielen. Meine Mutter hat es erlaubt. Wir können Schiffe versenken spielen, wenn du willst?“, schlage ich vor.

Schnell hole ich einen karierten Schreibblock und wir platzieren heimlich unsere Kriegsflotte.

„Kinder, ich bin jetzt für eine Weile im Flur und auf der Treppe. Bin dran mit fegen und wischen. Macht ja keinen Blödsinn, ihr Burschen“, informiert uns meine Mutter.

Kaum ist sie gegangen, ertönt es plötzlich von unten: „Wolfgang, hallo, Wolfgang, mach mal das Fenster auf.“

„Das sind die beiden blöden Mädchen von Familie Süsskind. Eine bekloppter als die andere. Die jüngere ist wohl in Wolfgang verliebt“, erkläre ich Rolf. „Im letzten Jahr ist sie beinahe beim Pflaumenklauen erwischt worden. Sie steht also mit beiden Füßen im Maschendrahtzaun, der oben mit Stacheldraht begrenzt ist. Als der Gärtner mit seinem Fahrrad um die Ecke kommt, springt sie ab und bleibt mit ihrem Zeigefinger am Stacheldraht hängen. Die halbe Fingerkuppe ist abgerissen. Hat den ganzen Block 5 zusammen geschrien, als wenn sie verbluten würde“, erzähle ich Rolf die ganze Geschichte der dummen Kuh.

„Wolfgang, Wolfgang“, geht es nun wieder los.

„Die nervt“, meine ich. „Die bekommt jetzt mal einen Denkzettel von mir“, kündige an. Ich hole mir aus dem

Küchenschrank eine halbe Tüte mit Mehl, öffne das Fenster und säusle nach unten: „Hallo ihr Schönen, schaut mal nach oben."

Beide schauen augenblicklich voller Hoffnung nach oben und erhalten im selben Moment eine Mehldusche. Die beiden Köpfe verschwinden sofort und nur wenig später geht ein Donnerwetter los: „Das hätte ich mich nicht gedacht, von dich langer Lulatsch. Ich tu dir anzeigen", wettert die Mutter der Mädchen im Glauben, dass es Wolfgang war.

Wir schließen schnell die Fenster, als meine Mutter die Wohnungstür öffnet und uns nach draußen schickt. „Die Wolken haben sich verzogen und die Sonne scheint den Kampf gewonnen zu haben, also nichts wie raus", fordert sie uns auf.

Heftiges lautes Klopfen ist nun von der Wohnungstür zu hören. Meine Mutter macht auf und begrüßt freundlich unsere Nachbarin, die Mutter der Mädchen. Und da geht das Theater auch schon los. Mit hochrotem Kopf, wutentbrannt steht sie im Türrahmen und fängt an zu brüllen: „Ihren missratenen Sohn, diesen Lümmel, werde ich verklagen. Ich tu den ins Gefängnis bringen. Hat meinen Mädchen Mehl in die Augen geschüttet. Aus lauter Jux und Dallerei. Das tut ein Verbrechen sein und muss bestraft werden."

„Nun beruhigen Sie sich mal wieder", spricht meine Mutter behutsam auf sie ein. „Sind Ihre Mädchen verletzt oder gar erblindet?", fragt sie mit viel Mitgefühl.

„Nein, nein das nicht, haben aber einen gehörigen Schrecken bekommen. Stehen unter Schock und tun heulen", berichtet sie noch immer ziemlich aufgebracht.

„Na, sehen Sie, alles halb so schlimm. Es war aber nicht der Wolfgang, wie Sie wohl glauben. Der ist gar nicht hier, sondern bei seiner Tante in Bendesdorf. Es war mein Sohn Ulrich", erklärt meine Mutter der immer noch aufgebrachten Nachbarin. „Der Bursche wird eine saftige Strafe bekommen", verspricht sie nun und ruft nach mir.

Ich hatte mich zwischenzeitlich ins Wohnzimmer verpieselt, komme jetzt aber einigermaßen reuig zurück in die Küche und entschuldige mich auf Anordnung meiner Mutter bei Frau Süsskind. Kaum haben wir sie verabschiedet und die Tür hinter ihr geschlossen, nimmt das Unheil seinen Lauf. „Du ziehst dir sofort eine alte Hose, ein altes Hemd und Gummistiefel an. Klemmst dir einen Eimer mit Schaufel und den Spachtel unter den Arm. Damit wirst du unten in unseren Hühnerstall wunderbar ausmisten. Vergiss ja nicht die Drahttür vom Auslauf zu schließen, während du im Stall bist. Sollten die Hühner weglaufen, weil du nicht achtgibst, kannst du was erleben", beendet meine Mutter die Strafpredigt.

Rolf hört die ganze Zeit zu und amüsiert sich köstlich.

„Du kannst abzischen, du Blödmann. Mit dir spiele ich nie wieder", fauche ich den Eumel an, öffne die Tür und schiebe den Schwachkopf auf den Flur.

Dann geht es los, umgezogen und ab nach unten zum Hühnerstall. Alle zwölf Mietparteien vom Block 5 haben in dem fast dreißig Meter langen Flachbau einen durch dünne Mauern abgeteilten Stall. Zirka 2,50 Meter breit und etwa 3,00 Meter tief. Mit einer einfachen Tür aus Holzbohlen kann man den Schuppen verriegeln. Die meisten halten Hühner wegen der frischen Eier. Einer mästet sogar ein Schwein zur Schlachtreife, wie der Gestank verrät.

Vor den jeweiligen Ställen hat sich jeder einen mit Maschendraht abgegrenzten Auslauf gebaut, in dem die Hühner kratzen und scharren oder das Schwein sich im Morast suhlt. Als ich die Tür zum Stall öffne, fliegt mir der aggressive Hahn doch fast ins Gesicht und ein ziemlich ekeliger Gestank wabert um meine Nase. Hühnerstall ausmisten ist wirklich ein Hauptgewinn. Eine Strafe, die ich so schnell nicht vergessen werde. Erzählen kann ich das Hawi und Hühnchen nicht, wenn sie stolz mit ihren neuen Schuhen aus der Stadt kommen. Ich höre sie schon schadenfroh lachen, wenn ich die Geschichte beichten würde. Und das kann ich heute bestimmt nicht mehr ertragen. Bevor ich mich nun noch selbst bemitleide, fange ich lieber sofort an und bin dann fertig, wenn sie auf der Bildfläche erscheinen. Tatsächlich bin ich rechtzeitig mit dieser Sklavenarbeit fertig.

„Das ist ein toller Tag in Stade gewesen“, gibt Hawi mächtig an.

„Wir haben einen riesigen Eisbecher verputzt“, prahlt Hühnchen und strahlt über das ganze Gesicht. „Und was hat unser Spitzbube denn Schönes gemacht?“

„Ooch, habe toll mit Rolf gespielt. Hat unheimlich Spaß gemacht“, lüge ich wie gedruckt.

„Habt ihr womöglich Hühner catchen gespielt“, fragt Hawi lachend.

„Wenn es nach deiner stinkenden Hose und dem Hemd geht, habt ihr bestimmt eine ganzen Geflügelhof gefangen“, prustet nun Hühnchen und kriegt sich vor Lachen nicht wieder ein.

„Ihr könnt mir mal den …“, spreche ich nicht weiter und ziehe ziemlich geknickt ab.

Hoffentlich ist morgen ein besserer Tag. Wenn ich zum Himmel sehe, bin ich mir sicher. Eine strahlende Sonne verabschiedet sich gerade so langsam vom Tag.

Hosenkrieg

„Du kannst mir helfen, Ulrich. Halt doch bitte mal die Wolle. Nicht so. Streck mal beide Arme nach vorne. Genau!“, werde ich als Helfer eingestellt. Ich halte die Lage dunkelblauer Wolle und meine Mutter wickelt ein Knäuel.

Meine Mutter kann stricken wie ein Weltmeister. Und nicht nur das. Sie kann häkeln, sticken, nähen, kochen und tausend andere Dinge. Für unsere Nachbarn ist sie ein großes Vorbild. Beim Kaffeekränzchen gibt sie wichtige Tipps für so manche Handarbeit. Schon als kleine Kinder wurden wir von oben bis unten in Stricksachen gekleidet. Was sie mit der blauen Wolle vorhat, soll noch ein Geheimnis bleiben. Vermutlich eine warme Strickjacke für meinen Vater, der ja jeden Tag sehr früh mit dem Fahrrad zum Bahnhof fährt.

„Morgen werdet ihr staunen. Eure Überraschung habe ich dann fertig“, kündigt meine Mutter uns an.

Als wir den nächsten Tag aus der Schule kommen, steht schon das Essen auf dem Tisch und es riecht im ganzen Haus nach den leckeren Kartoffelpuffern mit Apfelmus. Auf den Stühlen liegt etwas Gestricktes aus blauer Wolle. Bevor wir zu Messer und Gabel greifen, nehme ich meine Überraschung in die Hand, um zu sehen, was wir bekommen haben. Mit allem hätte ich gerechnet, nicht aber mit einer kurzen Hose aus Wolle. „Eine Strickhose, ich glaub es nicht. Nie ziehe ich eine solche Hose an. Eher gehe in Unterhosen oder sogar nackend raus“, erkläre ich wütend und werfe das Ding auf den Stuhl neben mir.

Mein Bruder Klaus sieht sich seine Hose sehr genau an. Zwei Einschubtaschen links und rechts mit Reißverschluss und Schlaufen für einen Gürtel. „Die ziehe ich gleich mal an“, lässt er uns wissen. Ruck die zuck hat er seine neue Hose angezogen und stolziert wie ein Pfau auf und ab. „Deinem Bruder gefällt die Hose. Auch du wirst sie anziehen. Da gibt es keine Widerrede.

Ich habe mir nicht umsonst diese Mühe gemacht“, gibt sie mir deutlich zu verstehen. Still und ohne aufzuschauen esse ich meine Puffer. Ich habe nämlich schon eine Idee für den morgigen Tag. Ich werde einfach meine alte Stoffhose einpacken. Die ziehe ich dann während der Busfahrt zur Schule an. Nach Schulschluss komme ich dann wieder mit meiner Strickhose nach Hause.

Am nächsten Morgen suche ich nach dem Frühstück meine alte Hose. Beide Hosen sind nicht aufzufinden. Trotz intensiver Suche kann ich keine Hose ausfindig machen.

So ein Mist, denke ich.

„Also los jetzt, der Bus wartet nicht auf dich“, scheucht mich meine Mutter aus dem Haus. Klaus muss erst später los.

Heute steige ich schon früher aus dem Bus. Mich muss ja keiner auf dem Pferdemarkt mit dieser blöden Hose sehen. Ich passiere den Bahnübergang und biege in die Straße Am Burggraben ein und gehe über die hölzerne Steinbachbrücke, weiter auf der Neubourgstraße bis zur Volksschule 1. Keiner hat mich bis dahin gesehen. Wir Realschüler haben wegen Platzmangel in der Grundschule einen Klassenraum erhalten. Ich schleiche mich in die Klasse und setze mich schnell in meine Bank. Am Unterricht beteilige ich mich nicht. Sofort nach dem Pausenzeichen schnappte ich mir meine Brotdose, verpisse mich blitzartig in die Knabentoilette und packe mein Brot aus. „Du spinnst doch. Hast wohl einen Vogel?“, brüllt mich plötzlich der Hausmeister an und tippt sich an die Stirn. „Pausenbrot auf der Toilette essen ist ja widerlich“, belehrt er mich wütend.

Ich habe den Kerl gar nicht kommen sehen. Gerade, als ich etwas erklären will, holt er mit seinem rechten Arm weit aus und knallt mir mit der flachen Hand mitten ins Gesicht. Augenblicklich fängt meine Nase an zu bluten. Die Tränen laufen mir über die Wangen. Wie ein geprügelter Hund verlasse ich die Toilette und gehe zum Klassenraum zurück. Fräulein Eulenburg schreibt noch gerade etwas ins Klassenbuch. „Was ist den mit dir los? Du hast ja Nasenbluten. Hast du dich geprügelt?“, fragt sie mich und nimmt mich in den Arm.

Ich erzähle nun die ganze Geschichte von der Strickhose und dem blöden Hausmeister.

„Ich werde mal mit der Schulleitung über diesen Prügelmeister reden. Das geht so nicht. Mit deiner Mutter möchte ich auch mal sprechen. Vielleicht gibt es da eine Lösung. Ich gebe dir einen Zettel für deine Mutter mit. Und jetzt kannst du für heute nach Hause fahren“, entlässt sie mich und streicht mir übers Haar.

Schnell packe ich meinen Tornister und renne los. Ich erwische noch gerade den Bus in die Udonenstraße und treffe vor dem Laden der Familie Bastein auf meine Mutter.

„Schule schon aus? Du hast ja Blut auf deinem Pulli“, empfängt sie mich.

„Nein, ja, doch, eigentlich nicht“, stottere ich und erzähle ihr die Ereignisse des Vormittags. Ich gebe ihr den Zettel von Fräulein Eulenburg.

„Sie möchte mich noch heute um 15 Uhr bei und zu Hause sprechen. Aber erst gibt es ein leckeres Mittagessen. Du hast doch bestimmt Hunger nach diesen Erlebnissen", muntert sie mich auf. Es gibt Sauerkraut, Pellkartoffeln und Rippchen. Nach dem Essen erledige ich gleich meine Hausaufgaben und mach mich danach auf den Weg zu Hawi und Hühnchen. „Ich möchte kein Wort über meine Strickhose hören", nehme ich ihnen gleich den Wind aus den Segeln.

„Welche Hose? Ach die. Ist wohl eher eine Mädchenhose, Ulrike", zieht mich Hawi auf.

Aber dann ist das Thema auch schon durch.

Als ich am späten Nachmittag wieder heimkehre, empfängt mich meine Mutter mit heißem Kakao und Keksen. Auch Klaus sitzt schon erwartungsvoll auf dem Sofa. „Also, ich habe mit Fräulein Eulenburg gesprochen. Sie hat mich überzeugt, dass Strickhosen in eurem Alter in der Schule nur Gehänsel hervorruft. Wir können einen Kompromiss vereinbaren. In der Schule die Sonntagshose und zum Spielen am Nachmittag die ungeliebten Strickhosen. Außerdem habe ich meinem Bruder aus Neuruppin einen Brief geschrieben. Er ist ja Herrenschneider und da habe ich ihn gebeten, für euch Hosen zu nähen. Nächste Woche schicke ich den Stoff und die Maße nach Neuruppin", beendet unsere Mutter ihren langen Vortrag.

„Du hast dir so viel Arbeit gemacht und wir, besser gesagt ich mag diese Hose nicht. Vielleicht strickst du lieber Pullover, Mützen, Handschuhe, Kniestrümpfe und Schals für uns. Die mögen wir bestimmt", verspreche ich ihr.

Nach gut 14 Tagen klingelt es an der Tür. Der Paketbote hat ein Paket aus der DDR. Empfänger: Klaus und Ulrich Renner, Block 5, Stade-Süd. Absender Onkel Rudolf aus Neuruppin.

„Klaus, komm runter. Wir packen das Paket aus“, rufe ich nach oben. Wie ein Torpedo erscheint mein Bruder im Wohnzimmer. Meine Mutter packt aus und reicht jedem eine Hose aus einem dunkelbraunen Stoff.

„Wie aus dem Kaufhaus“, stelle ich fest und drehe das Ding in alle Richtungen. „Die ist einfach knorke“, bemerke ich wie ein Berliner.

„Anziehen, sofort anprobieren“, freut sich unsere Mutter. Nach kurzer Zeit stehen zwei Hosenmodelle im Zimmer und drehen sich nach allen Seiten. „Das sind ja knackenge Buchsen“, bemerke ich.

„Hoffentlich halten das die Nähte aus“, macht Klaus einige Kniebeugen.

Meiner Mutter laufen einige Tränen über die Wangen. Sie ist mit dem Ergebnis mehr als zufrieden. „Was habe ich doch für schicke Zwillinge“, lacht sie und nimmt uns in den Arm.

„Das ist jetzt unsere Schulhose“, bestimme ich einfach. Meine Mutter und Klaus nicken.

Am nächsten Morgen steige ich wieder am Pferdemarkt aus dem Bus und gehe die Pferdestraße, kleine Beguinenstraße und Gründelstraße Richtung Schule entlang. „Knackarsch, Kackarsch“, rufen mir einige Kinder hinterher.

Ich aber gehe ohne mich umzusehen, stolz wie ein Gockel auf Brautschau, zur Schule.

Alles nur Schau

Am frühen Nachmittag, also nachdem wir unsere Schulaufgaben erledigt haben, ist wie so oft Treffen bei der Teppich-Klopfstange hinter den Ställen angesagt. „Hier, habe ich gestern von meinem Onkel, dem Bruder meines Vaters, geschenkt bekommen. Der kommt aus Hamburg, arbeitet im Hamburger Hauptbahnhof in einem Zeitungskiosk von Burda. Das ist ein Werbegeschenk für gute Kunden“, zeige ich meine neue Errungenschaft den neugierigen Freunden Hawi und Hühnchen.

„Darf ich das Taschenmesser mal genau sehen und auch anfassen?“, fragt Hawi sehr vorsichtig.

„Na klar, aber aufpassen, das Messer ist verdammt scharf“, warne ich Hawi.

„Dagegen ist ja mein Küchenmesser Schrott“, meint Hühnchen, nachdem auch er das Messer von mir genau unter die Lupe genommen hat.

„Mein Vorschlag für heute ist, wir gehen zum Sportplatz und schneiden uns einen schönen geraden Ast ab. Schwertlänge, meine ich. Den werden wir dann besonders schön schnitzen und verzieren“, werbe ich für meine Idee.

„Ja, abgemacht. Waren schon lange nicht mehr auf dem Sportplatz“, stimmt Hawi zu.

Also zockeln wir los in Richtung Eingangstor. Das zweiflügelige Tor steht heute weit offen und wir müssen nicht mühselig darüber klettern.

„Was ist denn hier los?. Hat sich ja eine Menge getan in den letzten Tagen“, bemerkt Hühnchen erstaunt.

Links und rechts von der leicht abschüssigen Einfahrt zum Platz sind auf den drei Stehplatz-Treppen Sitzbänke aus Holz und ohne Lehne montiert worden. Die Aschenbahn ist fein gewalzt. Die sechs Bahnen frisch gekreidet. Der Fußballplatz gemäht und gekreidet.

Sogar die Netze an den Toren sind schon montiert. „Ob hier wohl bald eine besondere Veranstaltung stattfinden wird?“, fragt uns Hawi.

„Na klar! Jetzt erinnere ich mich wieder. In der Schule hängt da so ein Plakat. Hier am linken Torflügel ist ja auch der gleiche Aushang aufgehängt“, mache ich meine Freunde darauf aufmerksam. Polizeisportschau steht da mit großen Buchstaben. Am Samstag, den 12.August. Beginn: 10:00 Uhr. „Da können wir nicht hingehen. Wir wollen doch zum Kinderfest gegenüber der Schule gehen“, will Hühnchen uns klarmachen.

„Du Dösbaddel, das ist doch am Sonntag und nicht am Sonnabend“, mache ich ihm klar. „Und was heißt auf dem Plakat – die PSG lädt ein. PSG, PSG wofür steht denn das?“, fragt Hühnchen nun auch noch.

„Ich glaub es nicht. Das kennt doch jeder. Polizeisportgemeinschaft lädt ein. Kapiert?“, erkläre ich meinem Hühnchen. Da heute erst Mittwoch ist, sollten wir uns wohl noch etwas gedulden. Außerdem müssen wir unsere Eltern noch überreden mitzukommen.

Donnerstag Regen, Freitag Regen. Am Samstag erwache ich mit Sonnenschein und freue mich auf die Schau. Ich konnte meinen Vater überreden, Hawi mitzunehmen. Hühnchen kann nicht. Muss zum Geburtstag seiner Tante nach Himmelpforten. Mit dem Bus zum Bahnhof in Stade. Weiter dann mit dem Zug Richtung Cuxhaven. Dasselbe wieder zurück. Hühnchen ist stinkesauer. „So ein blöder Geburtstag. Ihr müsst mir alles genau erzählen“, bittet er uns.

Hawi steht pünktlich um 9.30 Uhr am Ausgang von Block 5. „Also los, ihr Helden“, macht uns mein Vater Beine. Ich glaub es nicht, auf der unbefestigten Straße vor dem Sportplatz stehen hintereinander in langer Reihe gut acht Mannschaftswagen und einige Streifenwagen der Polizei. Sogar einen Wasserwerfer kann ich ausmachen. Am Tor steht Wachtmeister Gabrisch. Mit einer Polizeikelle spielt er den Einweiser. Wir passieren das große Tor und müssen erkennen, dass fast alle Plätze besetzt sind. Nur mit Mühe finden wir in oberen Reihe noch drei Plätze.

10:00 Uhr, die Schau beginnt. Musik erklingt von weitem und wird immer lauter. Dann marschiert das Polizeiorchester durch das Tor, biegt links ab, macht am 100-Meter-Start kehrt und zieht Richtung Ziellinie. Dort ist ein Podest für die Musiker aufgebaut. Über die vier großen Lautsprecher im Tribünenbereich hören wir die Stimme des Polizeichefs von Stade, der uns freundlich begrüßt und uns viel Spaß verspricht. Lautes Motorengeräusch kündigt die Motorradstaffel an. Acht schwere Maschinen im Eskortenverband fahren nun die 400-Meter-Runde. Ein Fahrer und ein stehender Sozius mit einer gewaltigen Fahne führen den Verband an. Nach ihrer ersten Runde verlassen die Krafträder, bis auf eine Spezialmaschine, die Aschenbahn. Dieses Motorrad hat einige Fußrasten montiert. Langsam fährt es jetzt vor den Zuschauern entlang. Sehr gekonnt springen nun Polizisten auf das fahrende Motorrad. Es werden immer mehr. Am Ende bilden zwölf Männer eine Menschenpyramide. Lauter Beifall und Bravorufe sind zu hören. Das Polizeiorchester ist nun wieder dran. Unterdessen werden auf dem Spielfeld sechs Palisaden mit einer geschätzten

Höhe von 1,50 Metern im Abstand von einigen Metern aufgestellt. Die Hundestaffel läuft ein und stellt sich mit den Schäferhunden in die Startposition. Der erste Hund flitzt los, erklimmt die Balustrade, hetzt zur nächsten und dann zum dritten Hindernis. Und so weiter. Alle Hunde sind in der Lage, diese Hindernisse zu überwinden. Erneut braust lauter Beifall auf.

Eine nicht ungefährliche Schaueinlage wird den Zuschauern nunmehr geboten. Ein als Dieb verkleideter Polizist läuft und flieht. Einer der Hunde verfolgt ihn. Stellt den Gauner und schnappt nach seinem Arm.

Er verbeißt sich in den sehr gut gepolsterten Arm. Ein Pfiff, und der Hund lässt sofort los. Ein weiteres Kommando und der Schäferhund sitzt wieder gehorsam an der Seite seines Führers. Danach wird eine Pause für gut 20 Minuten ausgerufen.

In den Ost- und Westkurven stehen eine Würstchenbude, ein Bierwagen und für die Kleinen gibt es Eis und Brause. Mein Vater spendiert eine Bratwurst, die Hawi und ich uns mit viel Senf schmecken lassen.

Die Fußballer sind nun dran. Sie laufen sich etwas warm, um Verletzungen vorzubeugen. Die gegnerische Mannschaft vom VFL-Stade wird herzlich begrüßt. Zweimal 15 Minuten wird gespielt. Ergebnis: 1:1.

Zwei weitere Mannschaften laufen nun auf das Spielfeld. Noch mal Fußball, denke ich. Aber nein. Es wird Großfeldhandball gespielt. Auch eine Domäne der deutschen Handballer. Ich bin begeistert. „Hawi, das ist mein Spiel. Ich möchte auch Handballer werden. Habe doch immer bei Carl geübt und trainiert“, sprühe ich vor Begeisterung.

Zum Ende hin spielt das Polizeiorchester noch einige fetzige Melodien und über die Lautsprecher wird uns das Ende der Schau mitgeteilt. „Einen guten Heimweg, Danke für Ihr Kommen", verabschiedet sich der Polizeisprecher.

„Wir werden Hühnchen nicht erzählen, wie toll die Schau war. Sonst ärgert er sich die Krätze an den Hals. Es war so lala, werden wir ihm enttäuscht erzählen", schlage ich Hawi vor.

„Klar, wir werden ihn auf das Sommerfest der Kinder einstimmen. Vorfreude ist ja die beste Freude", meint Hawi.

Hühnchen ist von seiner kleinen Reise noch nicht zurück. Auf unser Klopfen an seiner Tür öffnet uns keiner. Wir schreiben ihm einen Zettel mit Zeit und Treffpunkt für morgen und schieben das Blatt unter der Tür durch."

Also bis morgen", verabschiede ich mich von meinem Freund. „Wird ein toller Sonntag werden", winkt mir Hawi noch zu.

Als wir drei am nächsten Morgen den Festplatz gegenüber der Schule betreten, sind wir fast die Letzten. Die kleinen Kinder sitzen erwartungsvoll auf dem Rasen vor dem Kasperletheater. Wir stellen uns einfach dahinter. Wollen ihnen ja nicht die Sicht nehmen.

Hinter uns ist eine lange Reihe Tische aufgestellt worden. Fein eingedeckt mit weißen Tischdecken aus Papier. Kakao und Kuchen soll es wohl später geben. „Schon wieder Kuchen. Habe mich schon gestern fast überfressen und Bauchschmerzen bekommen", jammert Hühnchen etwas gekünstelt.

Wie immer ist das Kasperle nach einer turbulenten Aufführung der große Held und Sieger. Die Kleinen klatschen begeistert. Eine Frau, als Clown verkleidet, geht durch die Reihen der Zuschauer und verteilt Bonbons und Kaugummi. Nach dem Kasper kommt ein Mann auf einem Einrad angefahren, jongliert mit Keulen, Bällen und mit Hüten. Dann ist der große Zauberer Zantini dran.

Er zerknüllt eine mehrseitige Zeitung und holt aus diesem Knäuel eine Taube hervor. Mit großen, staunenden Augen verfolgen wir seine Kunststücke.

„Das möchte ich auch können“, wünscht sich Hawi.

„Lass dir doch zum Geburtstag einen Zauberkasten schenken“, fällt mir ein.

„Alle Kinder an den Tischen platz nehmen. Nicht drängeln es ist für alle Platz da“, werden wir laut vom Clown aufgefordert.

Hühnchen ist am schnellsten auf einem Platz ganz vorne in der Reihe.

„Ich denke, du willst keinen Kuchen“, lästert Hawi.

Pflaumenkuchen ist angesagt und süßer Kakao steht auf dem Tisch. Einige ungebetene Gäste schwirren um uns herum. Hühnchen schlägt ängstlich nach den Wespen und pustet sie weg. „Haut ab, ihr Monster“, ruft er den Mitessern zu. Dann aber beißt er herzhaft in den Kuchen und schreit im selben Moment wie von Sinnen los. „Au, au, mich hat eine Wespe gestochen! Genau hier hinten“, jammert er herzerreißend und zeigt auf seinen Rachenraum.

Die verkleidete Clownfrau ist die Erste bei Hühnchen. Sie nimmt ihn an die Hand und läuft mit ihm zu einem Motorrad mit Beiwagen. „Schnelligkeit ist jetzt erforderlich“, klärt sie die umstehenden Kinder auf und rast los, ab ins nahegelegene Krankenhaus.

„Das ist bestimmt sehr, sehr schmerzhaft“, weint nun auch Hawi fast.

„Die helfen Hühnchen im Krankenhaus ganz bestimmt“,

tröste ich Hawi. Nach diesem Vorfall wollen wir keinen Kuchen mehr und treten den Heimweg an.

„Ob Hühnchen wohl im Krankenhaus bleiben muss“, fragt mich Hawi besorgt.

„Keine Ahnung, wir werden sehen“, meine ich. Wir klopfen bei Hawis Eltern, um ihnen diese schlechte Nachricht mitzuteilen. Die Tür wird geöffnet und ein strahlender Junge namens Hühnchen steht im Türrahmen. „Schon mein drittes Eis“, zeigt er auf sein Vanilleeis. „Soll meinen Rachen immer weiter schön kühlen“, feixt er und meint, kaum noch Schmerzen zu haben.

„Na, dann Tschüss bis morgen du Lutschbonbon“, verabschiede ich mich.

Wir kucken in die Röhre

„Na endlich. Wir warten und warten. Du aber kommst zu spät“, zählt mich Hühnchen an.

„Better late than never“, gebe ich Gelerntes zum Besten.

„Was ist denn das für ein Kauderwelsch?“, will Hawi wissen. „Das ist Englisch, habe ich von meinem großen Bruder gelernt. Heißt so viel wie, besser zu spät als gar nicht“, übersetze ich die geflügelten Worte.

„Schon gut, Renner, Penner. Erzähl lieber, warum du uns hast warten lassen?“, werde ich nun ins Verhör genommen.

„Musste meiner Mutter noch helfen. Geschirr abtrocknen, Bettwäsche glatt ziehen und zusammenlegen, außerdem mein Kunstwerk aus dem Stabil-Baukasten demontieren und wegräumen“, kläre ich meine Freunde auf.

„Wir sollten sehen, dass wir vom Hof verschwinden. Solange wir noch in Rufweite sind, drohen uns sonst noch weitere Hilfsarbeiten“, drängt uns Hawi zum Aufbruch.

Also brechen wir auf. Ziel ist das Rollfeld des ehemaligen Militärflughafens mit seiner unterirdischen Entwässerung. Betonrohre mit einem gewaltigen Durchmesser führen von Schacht zu Schacht, um dann in einer Senke zu verschwinden. Einen dieser Schächte haben wir uns als gemütliche Höhle ausgebaut. Der Boden ist mit Heu ausgepolstert und ermöglicht bequemes Sitzen. Der Schachtdeckel ist von unten so mit Draht an den Steigeisen befestigt, dass uns keiner von oben überraschen kann, wenn wir mal wieder heimlich eine Lyod rauchen wollen. Können wir uns natürlich nur leisten bei genug Leergut, das wir an der Bude abgeben, um dann für unsere Väter Zigaretten zu kaufen. Kleiner Nachteil ist das Kriechen auf allen Vieren durch die Röhre von Schacht zur „Schachthöhle". Nach den ersten blutigen Knien haben wir die Technik geändert. Mit großen Pappstücken von der Müllhalde unterm Po und dem Rücken, legen wir uns auf den Rücken, stellen die Beine leicht an, stoßen uns mit den Füßen ab und rutschen so Stück für Stück zur Höhle. Auf dem Weg zum Rollfeld müssen wir an der großen einstigen KFZ-Halle vorbei, die hinter einer hohen Umzäunung steht. Zum ersten Mal steht das große Schiebetor am Giebel gut 50 cm breit auf. „Die Gelegenheit, endlich in die Halle zu kommen", mache ich Hawi und Hühnchen das kleine Abenteuer schmackhaft.

„Ich bin richtig neugierig, was uns im Schuppen erwartet", freut sich Hawi.

Zäune sind für uns kein Hindernis. So stehen wir schon nach kurzer Zeit am Tor, schleichen leise durch die kleine Öffnung und trauen unseren Augen nicht. Keine Fahrzeuge, keine Maschinen aber ein Strohhaufen mit mächtigen Ausmaßen. Bis unter die wohl sechs Meter hohe Balkenlage reicht der Berg und füllt in Länge und Breite die halbe Halle aus. „Wir werden Bergsteiger", schreit Hawi laut, als er versucht den Heuberg zu besteigen. Das laute Schreien hätte er man lieber lassen sollen. Wie in einem Märchen schiebt sich plötzlich ein großer Heuballen zur Seite und aus der großen Öffnung treten fünf ziemlich verwegene, ältere Jungen auf uns zu, die wir nicht kennen. Vermutlich vom U-Block am anderen Ende der ehemaligen Kaserne.

„Verpisst euch augenblicklich, das sage ich nur einmal. Sonst gibt es Saures, und das nicht zu knapp. Hier ist unser Revier. Wenn ihr uns verpetzt, sehen eure Eltern euch heute zum letzten Mal", droht uns dieser Muskelprotz.

Wir sind schon wieder draußen, bevor er mit seiner Litanei am Ende ist.

„Die haben sich vermutlich eine tolle Höhle gebaut. Wenn die Geisteskranken die nächsten Tage mal nicht da sind, werden wir den Haufen mal untersuchen“, schlage ich vor.

„Das sollten wir lieber lassen. Auf eine Abreibung von den Blödmännern kann ich gut verzichten“, gibt Hawi zu bedenken.

„Die haben ihre Höhle und wir haben unseren Bau. Und da sollten wir jetzt endlich hingehen“, fordert uns Hühnchen auf. Schachtdeckel auf, reinsteigen, Deckel zu. Die kleine Taschenlampe von Hawi an. Rückenlage einnehmen und rutschen bis zum nächsten Schacht. Die kleinen Öffnungen im Deckel geben etwas Licht, aber auch Luft. Allerdings ist die Luft bei unserer Qualmerei nicht gerade von bester Qualität. Außerdem nimmt der blaue Dunst erheblich zu. Aus der Röhre strömen jetzt ununterbrochen dicke Rauchschwaden in unseren Kessel.

„Raus, raus. Wir müssen sofort hier raus“, schreit Hawi ängstlich.

Ich steige zum Schachtdeckel hoch. Kann aber die Verdrahtung am Deckel nicht lösen. „Durch die Röhre zurück, los, los. Die Jacke vor Mund und Nase halten“, treibe ich die beiden an. In rekordverdächtiger Geschwindigkeit rutschen wir rücklings durch den Betonkanal, ohne Rücksicht auf unsere Hände, Knie und Kopf. Am Ausstiegsschacht werden weiterhin brennende Heubüschel nach unten geworfen. Erst als man oben unsere lauten Schreie hört, wird der Nachschub gestoppt. Hustend, prustend und mit verheulten Augen steigt einer nach dem anderen aus der qualmenden Öffnung. Vor uns stehen die üblen Typen aus dem

U-Block. „Da, da, das wollten wir so nicht. Wollten euch nur etwas ausräuchern. Wir glaubten, ihr würdet sofort aus dem Schacht steigen in dem ihr gesessen habt“, stottert der Anführer und die anderen stimmen ihm zu. „Es tut uns wirklich Leid“, entschuldigen sich die Burschen fast wie ein Chor. „Ihr könnt ja heute mit in unsere Höhle kommen“, schlägt einer der Burschen vor.

„Von Höhlen haben wir in der nächsten Zeit mehr als genug. Mich bekommt keiner mehr so schnell in eine Höhle“, beteuert Hawi mit weinerlicher Stimme.

„Wir hatten großes Glück. Unser Schutzengel war wohl nicht in der Sommerfrische und hat sich am Strand gesonnt“, spreche ich mit lachender Stimme zu allen.

Alle nicken. „Wir werden euch nicht verraten“, verspreche ich der U-Block Clique. „Ihr aber lasst uns dafür ab heute in Ruhe“, verlange ich von den großen Jungs.

„Abgemacht, Ehrenwort“, versprechen sie und schwören es. Danach verschwinden sie wieder in Richtung Halle.

Auch wir verlassen das Rollfeld und gehen schweigend und nachdenklich in Richtung Block 5.

Wir ziehen um

„Ganz schön laut“, meint mein Zwillingsbruder Klaus und lauscht in Richtung Wohnzimmer.

„Komm, wir wollen mal hören, worüber die beiden streiten“, fordere ich Klaus auf. Also gehen wir näher ran an die geschlossene Wohnzimmertür.

„Das kann doch nicht dein Ernst sein. Du bist ja wohl total übergeschnappt. Ein Reihenhaus kaufen. Frage mich, wie wir das überhaupt bezahlen wollen“, redet mein Vater in einem ziemlich heftigen Ton auf unsere Mutter ein.

„Seit Jahren arbeite ich doch auch nachts um unser Einkommen zu verbessern. Mit meiner Heimarbeit können wir das schaffen“, versucht unsere Mutter zu schlichten.

„Mein letztes Wort, ein Reihenhaus gibt es mit mir nicht. Eine größere Wohnung im neuen Baugebiet ist für uns ja schon kaum zu wuppen“, möchte er den Streit beenden.

Aber da kennt er seine Elsa schlecht. „Die Miete für eine solche Wohnung ist fast genauso teuer wie die monatliche Rate. Außerdem schaffen wir für unser Alter und für die Kinder Eigentum. Die Mieten aber werden immer weiter steigen und eines Tages können wir die dann wirklich nicht mehr aufbringen“, versucht sie Kurt zu überzeugen.

„Wir reden noch mal die Tage darüber“, beendet unser Vater die Auseinandersetzung und geht zur Tür. Im letzten Moment können wir noch schnell zum Küchentisch laufen und so tun,als würden wir unsere Hausaufgaben machen.

Dass alle Mieter vom Block 5 aus und umziehen müssen, ist amtlich. Das gesamte ehemalige Kasernengelände wird nun tatsächlich wieder Standort für die Bundeswehr.

Für die etwa 2.000 Menschen von Stade-Süd werden

Mehrfamilienhäuser und Reihenhäuser, im Grafen- und Sachsenviertel, zwischen Umgehungs- und Sachsenstraße, gebaut.

„Das werden wir uns mal genau ansehen“, versuche ich Hawi und Hühnchen unten auf dem Hof den kleinen Ausflug schmackhaft zu machen.

„Wir werden in ein Reihenhaus direkt an der Sachsenstraße ziehen. Das haben meine Eltern mit mir und meiner Schwester schon besprochen“, unterrichtet uns Hühnchen.

„Ein Reihenhaus wollen meine Eltern nicht. Aber unsere Wohnung ist direkt am Spielplatz und der Rollschuhbahn. Ich kann in direkter Luftlinie auf Hühnchens Haus sehen. So können wir uns weiterhin schnell treffen“, veranschaulicht Hawi die Situation.

„Bei uns ist die Sache noch in der Schwebe. Vielleicht tauschen wir unseren Berechtigungsschein für eine Wohnung mit einer Familie aus der Innenstadt von Stade. Wir würden dann in eine Altbauwohnung ziehen und uns dann kaum noch sehen können“, deute ich den Jungs an.

„Egal, wir fahren jetzt los, damit wir zum Abendessen wieder da sind. Ist ja nicht gerade um die Ecke“, treibt uns Hühnchen an.

Wir radeln den uns bekannten Weg neben den Gleisen entlang und sind nach gut fünfzehn Minuten an der Umgehungsstraße. Gleich dahinter beginnt das gewaltige Baugebiet. An allen Ecken entstehen neue Gebäude. Kräne, Bagger, Betonmischmaschinen, Lastkraftwagen und Steine, Steine ohne Ende bestimmen das Bild. Wir schlängeln uns auf den unbefestigten und matschigen Wegen in Richtung Sachsenstraße zum neuen Heim von Familie Huhn.

„Hier, das Dritte von rechts wird unser Zuhause“, zeigt

Hühnchen stolz auf den Rohbau. „Rein können wir leider nicht. Die Maurer werden uns sonst wegscheuchen“, bedaure ich, dass eine Innenbesichtigung nicht möglich ist.

Auf dem Rückweg schwärmt Hühnchen von seinem eigenen Zimmer und dem seiner Schwester. „Brauche dann nicht mehr mit der Zicke in einem Raum schlafen“, freut er sich erkennbar.

Am Block 5 angekommen, empfängt uns meine Mutter. „Komm bitte gleich mit nach oben, habe für Wolfgang, Klaus und für dich eine tolle Nachricht“, deutet sie nur kurz an und scheucht mich dann schnell die Treppe hoch zu unserer Wohnung. Meine Brüder sitzen schon im Wohnzimmer und sind sehr gespannt auf die Neuigkeit. „Jungs, euer Vater hat sich überreden lassen und zugestimmt. Wir werden auch in ein Reihenhaus ziehen. Wir haben sogar schon eins ausgesucht. Unsere neue Anschrift ist dann Graf-Thietmar-Sraße 10. Ist das nicht eine unglaubliche Geschichte?“, strahlt sie uns an. „Wolfgang wird das Zimmer im Erdgeschoss bekommen. Ihr Zwillinge den Raum darüber. Ein eigenes Bad mit Wanne, WC und Waschbecken werden wir haben“, malt unsere Mutter die Zukunft in bunten Farben.

„Da sind doch noch gar keine Straßen. Wie also soll man wissen, wo die Graf-Thietmar-Str. 10 ist“, verrate ich mich selbst.

„Du bist also heute schon mit deinen Freunden im Baugebiet gewesen. Daher die total verschmutzten Fahrräder“, stellt sie blitzschnell fest. „Morgen ist dann für dich gleich nach der Schule Putz- und Flickstunde angesagt. Mit diesem Rad fährst du nicht mehr umher“, schimpft sie mich mit einem versteckten Lächeln aus.

Ich verziehe mich und schleiche mich schnell aus der Wohnung. Hawi und Hühnchen müssen doch von mir über die Wendung unterrichtet werden.

„Das hat so viele Vorteile für unsere Familie, weil wir es dann viel näher zur Innenstadt und dem Bahnhof haben. Mein Vater braucht nicht mehr ganz so früh aufstehen, um nach Hesedorf zur Arbeit zu kommen. Zur Realschule in der Stadt müssen wir dann auch nicht mehr mit dem Bus fahren“, schildere ich die Vorzüge.

Für mich ist es besonders dringend. Durch die vielen Schüler an der zu kleinen Schule müssen einige in Ausweichräumen unterrichtet werden. Nebenan in der Volksschule I und auf der Erleninsel sind Klassen untergebracht. Einige Schüler, dazu gehöre ich auch, müssen erst nach dem Mittagessen zum Nachmittagsunterricht. Besonders blöd. Treffen mit meinen Freunden ist daher ziemlich schwierig und fast nur am Wochenende möglich. Demnächst soll aber eine neue Schule auf der Köhnshöhe gebaut werden. Schule, Turnhalle, Sportplatz und sogar ein Freibad sind dann zu Fuß zu erreichen. Aber bis es so weit ist, wird wohl noch viel Wasser die Elbe hinunterfließen.

In den nächsten Wochen sind unsere Eltern besonders aktiv. Verträge müssen unterschrieben und mit der Bank die Konditionen ausgehandelt werden. Tapeten, Fliesen, Gardinen und Teppichböden kommen in die engere Wahl. Zur Unterstützung hat meine Mutter ihre jüngste Schwester auserkoren. Mein Vater hält sich bei diesen Entscheidungen raus. Es werden sogar neue Möbel für das Wohn- und Esszimmer bestellt. Auch eine Küche wird ausgesucht.

Nun kann es wirklich nicht mehr lange dauern, bis wir dem Flugplatz Lebewohl sagen müssen, denn in der ganzen

Wohnung stehen schon gepackte Kisten und Kartons. Aus Mühlheim reist der Bruder meiner Mutter mit einem Gesellen an. Als Malermeister will er seiner Schwester natürlich helfen. Innerhalb weniger Tage sind die Decken gestrichen und die Wände tapeziert. Dann sind endlich Sommerferien mit der Ankündigung, Nachmittagsunterricht im nächsten Halbjahr nicht mehr für unsere Klasse. Ich freue mich riesig. Die Freude ist aber nur von kurzer Dauer. Im freudigen Ton verkündet meine Mutter eine Hiobsbotschaft: „Hallo Jungs, zum Umzug seid ihr zum Glück nicht da. Ihr steht uns eh nur im Wege rum. Wolfgang macht Ferien bei Tante Hildegard in Bendesdorf. Ihr beiden Schulkinder aber dürft wieder in ein Ferienlager. Es geht nach Oberbayern, Gut Waitzacker in Weilheim."

Mir fällt die Kinnlade runter und die ersten Tränen kullern über meine Wangen. „Gemein, das ist so was von gemein. Kein Wort habt ihr vorher gesagt und uns auch nicht gefragt", schreie ich meine Mutter an.

„Abgemacht ist abgemacht. Schon nächsten Montag geht die Reise los. Ihr seid doch diesmal zu zweit auf großer Fahrt", tröstet sie mich.

Klaus scheint sich zu freuen, denn er holt augenblicklich den Atlas aus dem Schrank. „Das ist ja direkt im Alpenvorland, nicht weit vom Ammersee", stellt er nach kurzem Suchen fest.

„Alpen, Ammersee und so ein blödes Gut können mich schon gar nicht reizen", zeige ich meinen Unmut. Dieses Unglück will ich unbedingt Hawi und Hühnchen mitteilen. Ich verlasse wütend und noch immer heulend die Wohnung. „Wir ziehen doch schon nächste Woche um. Dann sind wir doch eh nicht mehr in Stade-Süd im Block 5", teilt mir

Hawi mit. Hühnchen ist sich ebenfalls sicher, dass ihr Umzug wohl auch in drei bis vier Tagen erfolgen wird. Totale Pleite auf der ganzen Linie. „Das werden wohl absolut freudlose Ferien“, sage ich leise zu mir und stapfe ziemlich geknickt nach oben in unsere Wohnung.

So liebe Jungs

„Ihr habt eine sehr, sehr lange Bahnfahrt vor euch. Ich habe euch einige Klappstullen mit Wurst geschmiert. Käse habe ich euch nicht mitgegeben. Sonst stinkt das ganze Abteil danach. Was zu trinken ist auch im Rucksack. Aber nicht gleich alles aufessen und austrinken, das muss für den Tag reichen“, verabschiedet unsere Mutter uns am Bahnsteig.

Diesmal kann ich alte Heulsuse meine Tränen zurückhalten. Unsere Mutter nimmt ihre Zwillinge noch einmal kurz in den Arm und dann ruft auch schon der Schaffner: „Alle einsteigen und die Türen schließen.“

Schnell springen wir in den Zug und suchen nach einem Platz. Kaum im Abteil angekommen, ertönt ein Pfiff und der Zug setzt sich in Bewegung. Ein letztes Winken und dann begrüßt uns eine junge Frau mit den Worten: „Ich bin Frau Schlott, eure Reisebegleiterin bis nach Weilheim in Oberbayern. Hier sind noch vier Kinder und in Buxtehude steigen noch weitere Kinder zu. Setzt euch bitte als Gruppe in ein Abteil, damit ich den Überblick behalte.“

Von den Kindern aus Stade kennen wir keines. Nach dem Halt in Hamburg-Harburg fährt der Zug ohne Unterbrechung durch bis Hannover und dann nach kurzem Aufenthalt weiter unserem Ziel nach München entgegen. Wir haben getauscht und dürfen nun auch mal direkt am Fenster sitzen. Langsam bekomme ich Hunger und hole mir die erste Scheibe Brot aus dem Rucksack. Das ist für alle anderen Kinder wie eine Aufforderung, es mir gleichzutun. Als der Schaffner zur Fahrscheinkontrolle kommt, riecht das ganze Abteil nach würziger Wurst und auch nach Käse.

„Das ist hier wohl der Speisewagen für Kinder“, lacht er

und knipst unseren Gruppenfahrschein.

Ich verputze gleich noch eine Scheibe und trinke dazu den selbst gepressten Apfelsaft von Muttern. Danach schaue ich weiter in die dahin rauschende Landschaft, bis in mir die Müdigkeit emporsteigt und meine Augenlider immer schwerer werden. Erst als mein Bruder Klaus mich an der Schulter rüttelt, wache ich wieder auf. „Du bist vielleicht ein Renner-Penner. Wir sind gleich in München und müssen dort umsteigen. Pack deine Sachen zusammen und geh noch mal schnell auf die Toilette, wir waren schon alle einmal dort“, weckt er mich ziemlich unsanft.

Nach dem Umsteigen in den Zug nach Weilheim erzählt uns Frau Schlott, was uns gleich erwartet: „Gut Waitzacker ist ein großes Gut mit einem Hauptgebäude. Die vielen Nebengebäude sind zu einer Art U-Form angeordnet. Durch ein mächtiges Tor gelangt man in den befestigten Innenhof. Das Haupthaus wird euer Zuhause für die Ferientage sein. Ich werde mich jetzt von euch verabschieden und wünsche euch eine schöne Zeit.“

Vor dem Gutshauseingang stehen mehrere Frauen. Eine ältere Frau begrüßt uns mit sehr freundlichen Worten: „Ihr lieben Kinder, herzlich Willkommen auf Gut Waitzacker. Das hier sind eure Betreuerinnen und ich bin die Leiterin des Erholungsheims. Ihr habt bestimmt alle riesigen Hunger. Wir gehen jetzt alle gemeinsam in den Speiseraum, denn dort wartet auf euch ein wunderbares Abendessen.“

Nach dem Essen werden wir auf unsere Zimmer begleitet. Die Mädchen haben ihre Betten im ersten Obergeschoss, wir Jungen werden im Dachgeschoss mit schrägen Wänden untergebracht. Bett aussuchen, Koffer auspacken und Schrank einräumen ist jetzt angesagt. Die leeren Koffer sollen wir in einer großen Dachkammer unterstellen. Diese Kammer ist gleichzeitig das Lager für bestimmt zehn neue Matratzen, die in loser Form dort aufgestapelt sind. Uns werden nun die Waschräume gezeigt. Jeder hat seinen Haken für das Handtuch und den Waschlappen. Die Zahnputzbecher stehen über dem Waschbecken und haben aufgemalte Zahlen, damit jeder seine Bürste wiederfindet. Der Aufforderung, uns jetzt bettfertig zu machen, kommen wir gerne nach. Alle sind von der langen Anfahrt müde.

Wir schlafen auch sofort ein, werden aber durch Geräusche aus dem Zimmer nebenan geweckt. „Pisch, pisch, pisch“, hören wir eine der Schwestern ziemlich laut rufen, während Wasser hörbar in ein Waschbecken plätschert. Wir Jungs vom Nebenzimmer luschern heimlich durch die geöffnete Tür. Drei kleinere Jungs sitzen auf dem Topf und versuchen zu pullern. Ihre Bettwäsche wird derweil von zwei weiteren Schwestern abgezogen und neu bezogen. Die drei Burschen sind Bettnässer und haben eingepinkelt. Damit das diese Nacht nicht noch einmal passiert, werden sie auf den Topf gesetzt. Mein Bettnachbar schaut mich spitzbübisch an. „Wenn die Schwestern weg sind, werden wir das auch mal probieren“, schlägt er vor. Das Licht wird gelöscht. Die Türen aber bleiben offen. Die Schwestern hören wir auf der Treppe nach unten gehen.

„Wir warten noch etwas, sonst schlafen die Kleinen noch nicht wieder“, halte ich meinen neuen Kumpel zurück. Gut zehn Minuten warten wir noch. Dann gehen wir sehr leise ins Nebenzimmer, stellen den Wasserhahn an und schleichen uns ganz nah an die Schlafenden ran. „Pisch, pisch, pisch“, ahmen wir die Schwestern nach. Ohne richtig wachzuwerden pullern alle drei wie auf Kommando wieder in ihre Betten. Wir aber kriechen schnell in unsere Kojen und schlafen tief, bis zum Weckruf am nächsten Morgen.

Nach dem Frühstück sollen alle Kinder in kleinen Gruppen die Umgebung kennenlernen. Der kleine Wandertag führt uns einmal in einem großen Bogen rund um den Gutshof. In einem Graben rechts vom Weg entdeckt mein Bruder Klaus einen verendeten Hirsch. Nur sein Kopf mit dem Geweih ragt noch aus dem Wasser. Eine kleine Sensation.

Alle müssen einmal schauen, um sich dann aber bleich abzuwenden. „Weiter, weiter", schiebt uns Schwester Hannelore vom Graben weg.

Zum Mittagessen sind wir wieder zurück und setzen uns nach dem Händewaschen gespannt an den Tisch. Es riecht verdächtig nach Kohl. Tatsächlich gibt es Kohlrouladen mit einer Hackfüllung. Nicht gerade mein Leibgericht, zumal Kümmel im Übermaß verwendet wurde. Alle Kinder rümpfen etwas die Nase, essen aber doch ihre Portion auf. Jetzt ist wie in allen Ferienheimen Mittagsschlaf angesagt.

Danach können wir im Innenhof spielen. Ballspiele oder mit einem Kettcar einen abgesteckten Kurs fahren.

Für Morgen wird eine lange Wanderung angesagt. Zum Peißenberg soll es gehen. Gleich nach dem Frühstück geht es los. Jeder erhält als Ersatz für das Mittagessen ein Verpflegungspaket mit Wurst- und Käsebroten, sowie einen Apfel und eine Banane. Am Zielort soll es vor dem Rückweg reichlich Getränke geben. Für uns Flachländer sind die kleinen Anstiege schon ein wenig beschwerlich. Plötzlich ruft Hannelore alle Kinder zusammen. „Wenn ihr sehr leise und vorsichtig seid, könnt ihr vielleicht einen Salamander sehen. Die sonnen sich sehr gerne auf den Baumstümpfen, laufen aber sehr schnell weg, wenn man nicht achtsam ist."

Wir pirschen nun wie die Indianer weiter. „Da,da", flüstert Schwester Hannelore und zeigt auf einen Baumstumpf. Mein erster Salamander, so nahe vor mir. Ein trockener Ast knackt unter meinem Fuß, als ich näher zum Baumstamm gehen möchte. Schwupps und weg ist der kleine Salamander. Der Rückweg ist doch etwas beschwerlicher als gedacht.

Nach dem Abendessen sind wir ziemlich kaputt und wollen nur noch ins Bett. „Ob wir bei dieser Hitze nicht auch mal zum Baden gehen?", frage ich Schwester Hannelore.

„Für morgen steht ein Marsch zur Ammer auf dem Programm. Die Ammer ist ein Gebirgsfluss, der in den Ammersee fließt. Dieser Fluss ist ziemlich kalt, weil er ja aus den Bergen kommt", informiert sie uns.

Da hat Schwester Hannelore wirklich nicht übertrieben. Als wir nach einem etwas längerem Fußmarsch die Ammer erreichen und ich nur mal den kleinen Zeh ins Wasser halte, zucke ich merklich zusammen. „Brrr. So kalt habe ich mir diesen Fluss nun doch nicht vorgestellt. Die ersten Kinder sind dann doch sofort im Wasser. Auch ich will mich nicht blamieren und gehe zügig in die schnell fließende Ammer.

„Ich kann ziemlich lange und weit tauchen", töne ich in die Runde. Mit einem kleinen Hecht bin ich unter Wasser und schwimme los. Die enorme Strömung macht mich zum Rekordschwimmer. Als ich auftauche und nur schwer in den Stand komme, stehe ich nur gut einen Meter vor einem Brückenpfeiler aus Stahl. Das hätte tödlich enden können, denke ich.

„Ein Schutzengel hat dich wohl vor dem Zusammenstoß bewahrt. Wie kann man nur so unvernünftig sein und hier tauchen?“, belehrt die Schwester mich ziemlich empört.

„Sie hätten mich und alle warnen müssen“, gebe ich ihr als Antwort.

„Ist schon gut. Zum Glück ist nichts passiert“, erwidert sie jetzt ziemlich kleinlaut.

Wandern, baden, spielen und das reichhaltige Essen, leider jedes Gericht mit Kümmel, bestimmen die nächsten Tage. Zwei Tage vor der Rückreise stehen morgens alle Kinder auf der gewendelten, halbkreisförmigen Treppe. Jedes Kind auf einer Stufe. Fast wie bei einem Morgenappell. Die Heimleiterin kommt vom Dachgeschoss und geht abwärts zum Erdgeschoss. Bei jedem zweiten Kind wünscht sie einen guten Morgen. Große Stille auf der Treppe. Nur mein Bruder Klaus und ich erwidern freundlich den Morgengruß. Die Leiterin bleibt vor uns stehen, streicht uns über den Kopf und meint dann laut für alle hörbar: „So, liebe Jungs.“ Mit einem Lächeln geht sie in ihr Büro.

Etwas aufgeregt sind wir schon am frühen Morgen. Schon um sechs Uhr geht unser Vorortzug von Weilheim nach München. Mit dem Schnellzug weiter in Richtung Heimat. Ab Hannover können wir es kaum noch erwarten endlich wieder bei unseren Eltern in Stade zu sein. Sie stehen am Gleis eins und erwarten ihre Jungs. Auch die anderen Kinder werden von ihren Eltern abgeholt. Wir springen aus dem Zug, laufen, mit unserem Gepäck auf dem Rücken, auf die weit ausgebreiteten Arme von Vater und Mutter zu. Wie immer muss ich einige Tränen vergießen und schäme mich ein wenig.

„Es gibt eine tolle Überraschung für unsere Zwillinge“, kündigt unser Vater an.

Wir steigen in den Bus. „Da steht ja nicht Stade-Süd vorne am Bus“, mache ich meinen Vater darauf aufmerksam.

„Ist schon richtig. Wir fahren bis zur Endstation Udonenstraße. Und das steht auch oben dran“, beruhigt uns unsere Mutter. Jetzt wissen wir, wohin es geht. In die neue Wohnung, ins Reihenhaus.

Die Zuwegung ist noch nicht gepflastert und so gehen wir auf dem harten Lehm. Unser Vater schließt auf und lässt mir den Vortritt. Wir stehen im Flur und schauen uns staunend um. Links geht die gewendelte Naturholztreppe ins Dachgeschoss. Die erste Tür rechts ist die Esszimmertür und der Zugang zur dahinterliegenden modernen Küche. Der zweite Zutritt rechts führt ins helle Wohnzimmer mit den neuen Polstermöbeln und einem wandfüllenden Wohnzimmerschrank. Geradeaus geht es in Wolfgangs Jugendzimmer. „Tabuzone“, sagt er und steht breitbeinig im Türrahmen.

„Kommt mal jetzt nach oben, da ist euer Refugium“, setzt uns unsere Mutter in Bewegung. In unserem Kinderzimmer stehen zwei Wandklappbetten links an der Wand. Rechts sind Schreibplatten für die Schularbeiten an der Wand befestigt. Darüber Regale für die Bücher. Jeder hat einen Polsterstuhl mit Armlehnen vor seinem Platz stehen. Gardinen, Tapeten und Bilder machen einen freundlichen, kindgerechten Eindruck. Die Möbel vom Elternschlafzimmer kennen wir noch vom Block 5. Ein Höhepunkt ist dann das Bad. Schwarze Fliesen, weiß gefugt. Wir sind erstaunt über die mutige, moderne Ausstattung.

„Nach der langen Zugfahrt seid ihr bestimmt sehr hungrig?“, fragt uns unsere Mutter.

Klaus und ich nicken heftig. „Schon seit Hannover knurrt

mir der Magen. Könnte ein ganzes Schwein aufessen“, gebe ich an.

Es gibt Würstchen mit Kartoffelsalat und warmen Kakao.

„Ich habe heute einen Brief vom Gut Waitzacker erhalten“, wedelt unsere Mutter mit dem Schreiben. Wir ahnen Schlimmes. „Darin steht, dass ich zwei sehr, sehr liebe Jungen habe“, erklärt sie uns stolz. Klaus und ich schauen uns an und können ein breites Grinsen nicht verhindern.

Nach dem Essen fallen uns fast die Augen zu. „Ich glaube, ihr müsst doch gleich ins Bett. So müde, wie ihr ausseht. Morgen ist auch noch ein Tag, an dem ihr eure Freunde begrüßen könnt. Die haben nämlich schon nach euch gefragt. Hawi und Hühnchen haben schon vor der Tür gestanden. Also ab ins neue Bad. Waschen, Zähneputzen und Schlafanzug an. Ich komme gleich noch hoch und gebe euch einen Gute-Nacht-Kuss“, schickt sie uns nach oben ins Bett. „Die Träume in der ersten Nacht im neuen Haus gehen in Erfüllung, sagt der Volksmund“, verspricht sie uns.

Aber das hören wir schon nicht mehr. Total übermüdet schlafen wir dem nächsten Tag entgegen.

Das habe ich nicht gewollt

Unsere neueste Errungenschaft ist ein Telefonanschluss. Wir in der Graf-Thietmar-Straße haben ziemlich lange darauf gewartet. Allerdings dürfen wir Kinder nur telefonieren, wenn wir das Einverständnis unserer Eltern bekommen. „Kann ich Hühnchen und Hawi anrufen?“, frage ich, nachdem ich meine Hausaufgaben erledigt habe.

„Aber nur ganz kurz“, erhalte ich die Genehmigung meiner Mutter.

„Hallo Frau Kammann, kann ich Hawi mal sprechen“, bitte ich die Mutter von Hans Wilhelm.

„Was gibt es Ulli Knulli?“, erkundigt sich Hawi bei mir.

„Kannst du Hühnchen abholen und dann zu mir kommen?“, will ich von ihm wissen.

„Geht klar. Habe mit Hühnchen schon ein Signal abgesprochen. Immer wenn er das große rote Tuch am Kinderzimmerfenster sieht, wollen wir uns auf der Rollschuhbahn treffen. Das hänge ich jetzt sofort raus“, verspricht er mir.

„Bringt beide ein Messer mit. Wir wollten uns doch endlich mal einen tollen Bogen mit Pfeilen bauen. Das Kinderspielzeug von dir ist was für Mädchen, aber nichts für starke Jungen“, fordere ich Hawi auf.

Als ich zur Udonenstraße gehe, kommen mir die beiden schon entgegen. „Ich habe eine Säge und einen Fuchsschwanz, mitgebracht. Damit können wir den richtigen Ast für den Bogen besser abbekommen“, zeige ich die Säge und natürlich mein tolles Taschenmesser von meinem Onkel aus Hamburg. Nach einer kleinen Diskussion einigen wir uns auf das kleine Wäldchen am Stüwensee. Dort, bei den Weiden, werden wir fündig. Drei kräftige, fast zwei

Meter lange Ruten haben wir ruck die zuck abgesägt.

„Die Rinde müssen wir nicht abschälen, sonst werden die Bögen gleich zu trocken“, erklärt uns Hühnchen fachmännisch.

„Den Griffbereich werde ich bei meinem Bogen mit Paketband umwickeln, damit er in der Mitte stabiler wird“, erkläre ich meinen Freunden. Auf dem Rückweg schneiden wir uns noch ein paar dünne, gerade Stöcke. Das sollen unsere Pfeile werden.

Auf der Terrasse meiner Eltern fangen wir an zu schnitzen. Die Enden der Bögen erhalten Kerben, die später die Schnur halten sollen. Die Pfeile werden natürlich vorne angespitzt. Am hinteren Ende wird auch eine Kerbe eingeschnitten, damit die Pfeile nicht von der Bogenschnur abrutschen.

„Hat dein Vater nicht Angelschnüre als Oberangler?“, frage ich Hühnchen.

„Dass ich Trollo nicht gleich daran gedacht habe“, schlägt sich Hühnchen mit der flachen Hand gegen die Stirn.

„Dann lass uns jetzt zu dir gehen“, schlägt Hawi vor. Wir tippeln los in Richtung Sachsenstraße. Nach einer kurzen Suchaktion hat Hühnchen die richtige, starke Schnur gefunden. Es ist nicht einfach, mit der Angelschnur feste und unlösbare Knoten zu machen. Doch mit einem Dreifachknoten können wir die Schlaufe an der einen Seite befestigen. Der schwierige Teil kommt jetzt. Das eine Ende des Bogens am Boden abstützen, mit dem Knie gegen die Mitte drücken und mit einer Hand den Bogen zu sich ziehen. Die andere Hand legt nun die zweite Schlaufe über die Kerbe des anderen Endes. Geschafft! Was für eine Spannung.

„Hier im Garten möchte ich aber nicht, dass ihr mit den Dingern Pfeile abschießt“, scheucht uns Hühnchens Mutter aus dem Garten.

Auf der nahen Rollschuhbahn ist kein Kind zu sehen.

„Ideales Testgelände“, schlägt Hawi vor. Das Ziel ist die Besucherbank an der Stirnseite der Bahn. „Abstand so fünfzehn Meter“, meine ich. Die ersten Pfeile flattern nur wie verrückt und fallen schon nach einigen Metern zu Boden.

„So ein Mist. Die Pfeile sind eine ziemliche Scheiße“, jammert Hawi.

„Wir versuchen Profipfeile aus der Stadt zu kaufen. Wenn sie uns überhaupt welche geben“, erwäge ich.

„Hol dein Fahrrad. Hawi und ich warten auf dich“, schickt mich Hühnchen los nach Hause. Zu dritt radeln wir los.

In einem Sportgeschäft in der Großen Schmiedestraße werden wir fündig. Die haben für Sportbogenschützen, was das Herz begehrt.

Unglaublich, aber der Kauf geht anstandslos über die Bühne. Jeder kann sich allerdings nur einen Pfeil vom Taschengeld leisten. Diese Pfeile haben vorne eine Stahlspitze und hinten sind Federn aus Kunststoff zur Verbesserung der Flugeigenschaft angebracht.

Dann geht es mit Karacho zurück. Wir stellen unsere Räder bei mir in der Graf-Thietmar-Straße ab und schnappen uns die Bögen. Wir gehen über die Umgehungsstraße B73 Richtung Bronzeschmiede und dann zu den Wiesen am Weg Klarer Streck. Heute sind keine Pferde auf der Koppel. Also freie Bahn für Bogenschützen.

In der Mitte steht ein Unterstand für Pferde. Das ideale

Ziel. „Wir können ein Wettschießen machen. Jeder drei Schuss auf den Pfosten ganz rechts. So im Abstand von etwa fünfzehn Metern“, schlage ich vor.

„Dann fang man gleich an. Hawi ist der Nächste und dann ich“, teilt uns Hühnchen ein.

„Treffen ist wirklich schwer“, sage ich nach meinem dritten Fehlschuss. Hawi ist auch kein besserer Schütze. Alle Pfeile treffen nicht, obwohl sie wirklich tadellos fliegen. Hühnchen hat wohl den Bogen raus. Schon sein erster Schuss trifft den Pfosten. Die anderen aber fliegen doch wieder vorbei. Als Hühnchen seinen Pfeil aus dem Pfosten ziehen will, muss er ziemlich viel Kraft aufwenden. „Mann, unsere Bögen haben ja wirklich eine tolle Spannung und die gekauften Pfeile fliegen fantastisch. Nur das Ziel ist was für Könner und nicht für Anfänger wie uns. Wir sollten uns eine große Zielscheibe bauen, damit wir besser üben können“, schlägt Hühnchen vor.

Also treten wir etwas enttäuscht den Heimweg an. Aus der Baumreihe am hinteren Ende der Koppel fliegt auf einmal eine Wildtaube in unsere Richtung. „Die schieße ich ab“, töne ich, spanne meinen Bogen und lasse den Pfeil von der Sehne. Und dann passiert das Unglaubliche. Die von meinem Pfeil getroffene Wildtaube torkelt und flattert mit letzter Kraft über mir und stürzt dann wie ein Stein vom Himmel. Wir rennen zur Absturzstelle und sehen, dass der Pfeil die Taube schwer getroffen hat.

„Sie quält sich und ich muss sie erlösen“, schreie ich und zittere am ganzen Körper. Ich nehme den Pfeil von Hawi und schieße der Wildtaube direkt in den Kopf. Sie ist sofort tot und ist erlöst. Ich hocke mich weinend hin, falte die Hände und betone immer wieder unter Tränen: „Das habe ich nicht gewollt. Ihr müsst mir glauben. Wirklich, ich bin doch kein Mörder.“

Wir graben mit meinem Taschenmesser ein kleines Loch, betten die tote Taube auf ein Graspolster und legen einen großen Stein auf das zugeschaufelte Grab.

Ziemlich bedrückt und ohne ein Wort zu sprechen treten wir den Heimweg an. „Bitte, bitte nichts von dem Unglück erzählen“, ringe ich den beiden das Versprechen ab. Beide geben mir ihr großes Indianerehrenwort, steigen dann auf ihre Fahrräder, radeln die Graf-Thietmar-Straße runter und verschwinden hinter den Büschen an der Udonenstraße.

Ich bringe mein Fahrrad in den Keller und treffe in der Waschküche auf meine Mutter. „Irgendwas ist doch passiert, das sehe deinem Gesicht sofort an?“, forscht sie nach der Ursache für meine niedergeschlagene Stimmung.

„Ich habe auf einen Vogel gezielt und leider getroffen. Die Wildtaube ist jetzt tot. Wir haben sie gleich vor Ort begraben“, schildere ich den Vorfall.

„Schlimm, dass ihr nicht auf uns hört. Auf Menschen und Tiere zielt man einfach nicht. Habe ich euch schon so oft gesagt“, schimpft sie und schickt mich nach oben auf mein Zimmer.

Dort klappe ich mein Bett runter, lege mich lang darauf und denke über meine böse Tat nach.

Die ganz andere Reitstunde

Die Zeile der Reihenhäuser in der Graf-Thietmar- und der Graf-Hartwig-Straße hat relativ kleine Gärten. Vom Ende der Gärten bis zur Umgehungsstraße sind es so um die hundert Meter. Der zunehmende Verkehr auf der B73 erzeugt eine gleichmäßige Geräuschkulisse, die auf unserer Terrasse etwas störend ist. Um so erfreuter sind alle Eigentümer, als völlig unvermutet noch eine neue Reihenhauszeile zwischen Garten und Straße für die Spitzen der Stader Gesellschaft entsteht. Die Wirkung gleicht einer Schallschutzmauer ohne deren eingrenzenden Blick. Nach Fertigstellung der etwas anderen Häuser, ziehen dort der ehemalige Stader Bürgermeister, ein CDU-Ratsherr, ein Professor usw. ein. Im linken Haus, direkt am Wendehammer, zieht die Familie Eulenhorst mit zwei Kindern ein. Eine Tochter und ein Sohn in unserem Alter. Unser erstes Zusammentreffen mit dem Jungen auf dem Spielplatz ist recht putzig.
„Ich heiße Eule“, stellt er sich vor.

„Ich bin Ulrich. Alle sagen aber Ulli zu mir. Aber wie heißt du denn wirklich“?, frage ich ihn lachend.

„Ich habe fast meinen richtigen Namen vergessen. Selbst meine Eltern und meine Schwester nennen mich Eule. Klaus ist aber mein richtiger Vorname“, klärt er mich auf.

„Genau wie mein Zwillingsbruder“, informiere ich Eule.

„Du bist immer mit zwei anderen Jungen zusammen. Das sind bestimmt deine Freunde, oder?“, fragt Eule etwas schüchtern.

„Ja, die Burschen kenne ich schon so viele Jahre. Wir haben alle im Block 5 auf dem Flugplatz gewohnt“, erkläre ich ihm.

„Bei euch in der Clique mitmachen, geht das?“, möchte Eule nun wissen.

„Die Burschen kommen gleich zu mir und dann werden wir abstimmen“, mache ich ihm Hoffnung.

Es dauert aber noch eine Weile und so erzählt mir Eule, dass er in der Innenstadt von Stade, am Spiegelberg, gewohnt hat.

Endlich trudeln Hawi und Hühnchen ein und begrüßen uns unten auf dem Spielplatz hinter dem Lebensmittelgeschäft von Familie Bastein. „Das ist Klaus Eulenhof, genannt Eule“, stelle ich den Jungen vor.

„Du solltest eher Rotfuchs heißen. Du mit deinen roten Haaren und den Sommersprossen“, lacht Hawi und kriegt sich kaum wieder ein.

„Das ist gemein von dir“, stoppe ich sein Gelächter. „Eule möchte auch zu unser Clique gehören und mit uns unterwegs sein. Seid ihr dafür, dann hebt die Hand“, stelle ich die Frage.

Drei Hände gehen hoch. „Also einstimmig angenommen“, stellt Hühnchen fest.

„Was geht heute eigentlich noch ab? Was wollen wir denn an diesem schönen, sonnigen Tag wohl anstellen?“, will Hawi wissen.

„Wir können wieder zur Koppel gehen, wo ich vor einiger Zeit die Taube versehentlich getötet habe“, schlage ich vor.

„Pferde füttern und vielleicht mal reiten“, hat Hühnchen eine Idee.

Wir nutzen die Unterführung der B73 an der Normannenstraße, gehen den Gerstenkamp und den Klarer Streck entlang, bis zur Koppel. Heute grasen drei Pferde auf der Wiese. Besonders neugierig sind die Pferde nicht. Erst als wir sie mit frischem Gras locken, trottet eine Stute gemächlich heran. „Das ist kein Reitpferd", stelle ich fest.

„Eher ein Ackergaul, ein Kaltblut", meint Eule.

„Ist doch egal. Wer traut sich?", frage ich die drei.

„Ich bin schon mal geritten und bin kein Feigling", brüstet sich Hawi und stellt sich in Positur. Dann klettert er auf den Holzzaun, schwingt von da aus vorsichtig ein Bein über den Rücken der Stute und sitzt kurz darauf wie Graf Koks auf seinem edlen Ross. Nichts passiert. Kein Zuruf hilft. Der Gaul steht und bewegt sich keinen Millimeter weiter. „Der hat die Ruhe weg. Aber nicht mehr lange", kündige ich an. Mit der flachen Hand haue ich der Stute kräftig auf das dicke Hinterteil. Im selben Moment bockt der Gaul und geht auf seine Hinterhufe. Hawi rutscht sofort herunter und als er gerade aufstehen will, schlägt die Stute mit beiden Hinterhufen kräftig aus. Hawi stürzt getroffen, fällt nach hinten und schreit vor Schmerzen auf. Wie von der Tarantel gestochen, galoppiert der Ackergaul ans andere Ende der Koppel. Hawi aber liegt blutend im Gras. Wir öffnen das Gattertor, heben ihn vorsichtig auf und stützen ihn auf beiden Seiten. Seine Platzwunde an der Stirn blutet stark.

Eule zieht sein Hemd aus und reicht es Hawi. „Du musst das wie eine Kompresse auf deine Wunde drücken, damit die Blutung gestoppt wird", befiehlt ihm Eule.

Jetzt haben wir es sehr eilig. So schnell wie nur möglich traben wir mit dem Verletzten in die Graf-Heinrich-Straße und klingeln bei seiner Mutter unten an der Tür. Wir drücken die Tür nach dem Summen auf und verharren dann vor der Wohnung im Erdgeschoss. Wir schieben ihn vorsichtig nach vorne und stehen dann mit dem blutenden Hawi vor seiner Mutter. „Oh, mein Gott, mein Gott, Hans-Wilhelm, was haben dir diese Gören nur angetan?“, jammert sie und straft uns mit einem bösen Blick.

Hawis Vater aber reagiert gelassener, schnappt sich seine Jacke, seinen Sohn und macht sich dann auf den Weg ins Krankenhaus. „Euch will ich nicht mehr sehen. Ich werde Hans-Wilhelm den Kontakt zu euch Banditen verbieten“, müssen wir uns noch von seiner Mutter auf dem Weg nach unten anhören.

Hühnchen glaubt, dass Hawi das Verbot nicht einhalten wird.

„Vielleicht für einige Tage, länger aber bestimmt nicht“, gebe ich meine Prognose ab. Schon am späten Abend hängt das verabredete rote Tuch wieder im Fenster. Und kurz darauf erscheint Hawi mit seinem Verband um den Kopf auf der Rollschuhbahn.

„Du siehst mit deinem Turban aus wie ein indischer Fakir“, begrüße ich unseren Helden.

„Alles nicht so schlimm. Musste genäht werden. Habe aber keine Schmerzen mehr“, lässt uns Hawi wissen.

Wir sind froh über diese Nachricht, klopfen dem tapferen Reiter auf die Schulter und verabreden uns für den nächsten Tag.

Hundeliebe

Freitag ist Wolfgang-Tag. Dann kommt mein großer Bruder Wolfgang, der in Eutin wohnt, nach Hause. In Eutin ist er zur Ausbildung zum Schaufenstergestalter und lebt dort über die Woche.

Als die Haustür laut ins Schloss fällt, laufe ich die Treppe runter, um ihn zu begrüßen. Ich staune nicht schlecht, als ich erkenne, was er vorsichtig auf dem Arm trägt. Dieses kleine Knäuel aus grauen Haaren ist ein Welpe, eine zwölf Wochen alte Hündin. Die Rasse wohl eine Art Langhaardackel. Unsere Mutter steht etwas fassungslos im Flur und weiß nicht, was sie sagen soll. „Ein Geschenk für dich zum Geburtstag", überreicht Wolfgang ihr den „Wattebausch".

Noch etwas ungelenk hält sie die kleine Hundedame, zieht die Schultern hoch und schüttelt mit dem Kopf. „Euer Vater wird nicht begeistert sein. Hunde mag er nicht, nur deutsche Schäferhunde vielleicht. Wie sein heimliches Idol Adolf", gibt sie uns zu verstehen.

Im selben Moment kommt unser Vater aus dem Keller, wo er für die Einweckgläser ein Regal zusammengebaut hat. „Ich sehe wohl nicht richtig. Was soll der Hund hier bei uns?", empört er sich.

„Eine Überraschung von Wolfgang zum Geburtstag", erklärt sie meinem Vater.

„Dieses Tier kommt mir hier nicht in dieses Haus. Du kannst am Sonntag, wenn du wieder nach Eutin fährst, diesen Köter mitnehmen und zurückgeben. Habt ihr mich da richtig verstanden?", brüllt er ziemlich aufgebracht und verschwindet im Wohnzimmer.

„Zeit für eine Hundemahlzeit. Ich zeige euch mal was sie

fressen darf“, fordert Wolfgang uns auf zuzusehen.

In dem einen Napf rührt er etwas Trockenfutter mit Wasser an, spezielles Welpenfutter. Im zweiten ist nur Wasser für den Durst. Eine rotes Halsband hat die kleine Hündin auch schon um. Nachdem sie gefressen hat, gehen wir mit ihr an der Leine spazieren. Schnell gewöhnen wir uns an die neuen Wörter der Hundehalter. Gassi gehen, Bächlein machen, Häufchen machen usw.

Am Sonntag gegen 15:00 Uhr verabschiedet sich Wolfgang und verlässt das Haus ohne Hund. Zuvor hat er uns aber genau über die Pflege und Hege für so einen kleinen Welpen aufgeklärt. Als mein Vater am frühen Abend von einem Kameradentreffen kommt und das Wohnzimmer betritt, sitzt dort unsere Mutter im Sessel und krault liebevoll das zierliche Wesen.

„Habe ich mich nicht deutlich genug ausgedrückt? Kein Hund im Haus!“, wiederholt er sehr deutlich und laut seine Forderung der letzten Tage.

„Wenn der Hund gehen soll, gehe ich auch. Darauf kannst du dich verlassen“, droht unsere Mutter mit Nachdruck.

Ziemlich verdutzt lässt sich unser Vater in seinen Stammsessel fallen. Wir Zwillinge sitzen auf dem Sofa und verfolgen die Situation. Dann steht unsere Mutter unvermittelt auf, nimmt die Kleine in beide Hände und setzt das Wuscheltier unserem Vater auf den Schoß. Als die niedliche Hündin mit ihrem flauschigen Fell sich wohlig an seinen weichen Pullover schmiegt und die Augen schließt, sitzt unser Hausherr leicht verdattert in seinem Sessel.

„Ganz großes Kino“, flüstere ich Klaus zu.

„Und das ohne Eintrittsgeld“, bemerkt er leise lachend.

Unser Vater sitzt völlig regungslos und mit geschlossenen

Augen da, um ja nicht den Schlaf des Welpen zu stören. Erst als die Kleine aufwacht und sich zufrieden rekelt, fängt unser Vater an zu reden. „Also, wenn wir denn wirklich diesen Hund behalten wollen, braucht sie ja wohl einen Namen“, überrascht er uns mit seiner Überlegung. „Mascha als Rufname könnte ich mir vorstellen“, ist sein Vorschlag.

„Klingt aber eher nach einem großen, kräftigen Hund“, wirft Klaus ein.

„Ja, ja das stimmt. Wie wäre es mit Nuscha?“, fragt unsere Mutter. Wir alle schauen sie zustimmend an und finden den Namen spitze.

Klaus hat plötzlich eine Idee. Er geht in die Küche und kommt mit einem Glas Wasser zurück ins Wohnzimmer. Dann beträufelt er unser neues Familienmitglied mit einigen Tropfen Wasser und spricht mit gespieltem Pathos: „Lieber kleiner Köter, wir taufen dich, für alle Zeit auf dieser Erde, auf den Namen Nuscha. Amen!“

Wir müssen alle lachen und selbst unser Vater hat ein leichtes Schmunzeln auf den Lippen.

„Ich glaube, eine kleine Runde ist wohl für Nuscha nötig, bevor sie ihr Bächlein auf den Teppich macht“, fordert das neue Frauchen uns Zwillinge auf. Mit dem roten Halsband und der ebenfalls roten Leine sieht das wuschelige Etwas absolut niedlich aus. Stolz gehen wir in Richtung Patjensteich, drehen dort eine Runde um den See. Prompt macht unsere Nuscha wie gewünscht ein Bächlein und einige Zeit später sogar noch ein Häufchen. Wolfgang wird sich über die Wendung freuen.

Neuruppin

Nur noch drei Wochen bis zu den Sommerferien. Die Vorbereitungen auf die Reise nach Neuruppin laufen auf Hochtouren.
„Waren wir nicht schon mal als Babys in Neuruppin?“, frage ich meine Mutter.
„Nicht als Babys, als vierjährige Jungs habe ich mit euch die Reise unternommen. Das ist immer ein riesiger Kraftakt für mich. Trotzdem freue ich mich schon seit Tagen auf diesen Urlaub am See“, erklärt sie mir.
„Ist das eine lange Bahnfahrt?“, möchte ich nun wissen.
„Ja, leider. Wir müssen auch zweimal umsteigen mit all den Koffern und Taschen. Diesmal kann dein großer Bruder eine gute Hilfe sein und tragen helfen. Wir müssen für vier lange Wochen die Kleidung mitnehmen. Einige Sachen kann ich aber vor Ort waschen“, begründet meine Mutter die Klamotten, die fein säuberlich gefaltet für Wolfgang, Klaus und für mich stapelweise im Schlafzimmer liegen.

Der erste Ferientag hat es in sich. Packen, packen, umpacken und erneut verstauen. Am nächsten Morgen steht Senior Kleige pünktlich mit seinem Taxi in der Graf-Thietmar-Straße. Er hat immer einen lustigen Spruch auf den Lippen und macht für Familie Renner oft einen „Spezialsonderpreis“.

„Zum Bahnhof bitte“, gibt unsere Mutter das Ziel an.

„Ich dachte schon, Sie wollten zum Hamburger Hafen und auswandern“, beäugt er unser Gepäck und lacht.

Mutter sitzt vorne und wir drei Kinder hinten mit unseren Rucksäcken auf dem Schoß. Zum Abschied winkt uns unser Vater noch kurz zu und verschwindet dann aus dem Blickfeld, als unser Taxi rasant die nächste Kurve nimmt.

Am Gleis zwei des Stader Bahnhofs sind wir nicht die Einzigen, die heute in die Ferien wollen. Ein wildes Gewusel aus lauten Kindern, mahnenden Erwachsenen und viel, sehr viel Gepäck. Dann läuft das dampfende Ungetüm aus Cuxhaven kommend ein. Jetzt heißt es für unsere Mutter aufpassen. Kind und Kegel müssen mit. Wolfgang hat sich geschickt in Position gebracht und ergattert ein ganzes Abteil für uns. „Das hat ja schon mal gut geklappt", freut sich unsere Mutter und verstaut Sack und Pack. Kaum fertig, setzt sich der Zug auch schon fauchend in Bewegung.

In Hamburg wollen wir umsteigen in den Interzonenzug nach Berlin. Auch hier scheint ganz Hamburg vereisen zu wollen. Der Bahnsteig ist gerammelt voll. Zum Glück haben wir Platzkarten und suchen unser Abteil. Auch hier ist es Wolfgang, der sehr schnell unsere Plätze findet. Wieder wird alles sorgfältig verstaut und überprüft, ob ja auch alle Gepäckstücke an Bord sind.

Dann passieren wir die innerdeutsche Grenze, halten kurz, um die DDR-Grenzer einsteigen zu lassen. Zoll und Passkontrolle. Zwei mürrisch dreinblickende Herren in Uniform betreten das Abteil und sehen sich sehr lange unsere Ausweise an. „Den Koffer öffnen", fordert der eine Grenzer und zeigt auf den kleinen Handkoffer. Bereitwillig öffnet unsere Mutter schnell den Koffer.

„Auspacken", verlangt er nun barsch.

Vorsichtig legt unsere Mutter Stück für Stück auf die Sitzbank.

„Sie können wieder einpacken", lächelt er hintergründig und verlässt das Abteil.

Unsere Mutter pustet einmal kräftig durch und sagt dann zu uns: „Das haben wir hinter uns. Ab jetzt können wir uns auf die Ferien und unsere Familie freuen. Nun aber werden wir erst mal etwas essen und trinken.“

Voller Heißhunger stürzen wir uns auf die belegten Brote und genießen den selbst gepressten Apfelsaft.

Noch einmal ist umsteigen angesagt. Wir verlassen den Interzonenzug in Wittenberge und steigen in einen Bummelzug nach Neuruppin.

Endlich in Neuruppin angekommen, steht auf dem Bahnhof ein großes Empfangskomitee. Wir Kinder werden gedrückt, geherzt und geküsst. Alle wollen uns willkommen heißen. So richtig blicke ich nicht durch. Die etwas rundliche, ältere Frau ist also meine Oma. Die drei flotten, jungen Männer sind die Brüder meiner Mutter. Also unsere Onkel. Die hübsche, junge Frau, die etwas im Hintergrund steht, ist die jüngste Schwester unserer Mutter, Tante Inge, von der immer so viel erzählt wird. Die Brüder schnappen sich das Gepäck und los geht es. Onkel Alfred ist Malermeister, hat eine eigene Firma und ein Auto. Einen kleinen Transporter. Genau richtig für das umfangreiche Gepäck.

Wir aber haben einen kleinen Marsch vor uns. Vom Neuruppiner Bahnhof in die Kränzliner Straße ist es nicht besonders weit. Doch nach dieser langen Bahnfahrt schon etwas beschwerlich. So sind wir dann alle froh, in der kleinen Wohnung unserer Oma bei Westkaffee und selbst gebackenem Kuchen zu sitzen. Eine Nacht sollen wir unbedingt bei Oma in der winzigen Dachgeschosswohnung schlafen. Ihr ausdrücklicher Wunsch, den wir natürlich nicht ablehnen können.

An diesem Abend geht unsere Stader Reisegruppe doch

sehr müde und von der Reise erschöpft, früh ins Bett. Wir Kinder erhalten auf dem Fußboden ein Räuberbett aus Matratzen, die uns die Nachbarin von Oma geliehen hat.

Es ist noch sehr früh, als unsere Oma uns aufgeregt weckt. „Schnell, schnell, schaut mal aus dem Fenster. Das gibt es nicht jeden Tag zu sehen", schickt sie uns ans Fenster. In etwa 250 Metern Entfernung fliegen zwei riesige, russische Transportflugzeuge ziemlich flach über die Felder, drehen jetzt eine große Kurve und kommen mit lautem Propellergeräusch zurück. Dann öffnet sich am Heck eine Klappe. Wie an einer Perlenschnur aufgereiht springen nun Soldaten, deren Fallschirme sich augenblicklich öffnen, aus dem Flugzeug und gleiten sanft zu Boden. Klaus und ich sind begeistert. Wolfgang blinzelt nur total verpennt aus den Augen und legt sich dann wieder auf sein Matratzenlager.

Zum Frühstück sitzen wir alle wieder vereint am Tisch. Unsere Mutter hat nämlich bei der netten Nachbarin geschlafen. Nach dem Frühstück steht Onkel Fritz vor der Tür und will uns abholen. Gleich um die Ecke im Damaschkeweg will er uns seine Biberzucht zeigen.

„Es riecht etwas streng bei Familie Biber", sage ich und halte mir die Nase zu.

„Die sind doch richtig niedlich", meint Klaus und lockt sie mit etwas Futter an den Zaun.

Onkel Fritz hat für die Zucht ein Gehege mit Badebecken und Unterschlupf gebaut. „Biberfelle bringen richtig gutes Geld in der DDR", erklärt uns Onkel Fritz seine Vorliebe für die Pelztiere.

Wolfgang möchte noch vor dem Mittagessen, das es nachher bei Onkel Fritz und Tante Trautchen geben soll, mit seinem Fotoapparat auf die Pirsch gehen. „Du willst wohl bei deiner kleinen Freundin reinschauen“, durchschaut unsere Mutter das Manöver.

„Nein, nein! Wir sind erst morgen verabredet“, beteuert Wolfgang mit hochrotem Kopf und verschwindet flugs aus dem Garten. „Du bist aber bitte pünktlich zum Essen zurück“, ruft unsere Mutter noch schnell hinterher. Alle sitzen rund um den Ausziehtisch und warten auf das Essen und natürlich auch auf Wolfgang.

„Wir fangen schon mal an“, fordert uns Tante Trautchen auf. Kein Wolfgang weit und breit. Selbst nach dem Schokoladenpudding zum Nachtisch ist Wolfgang noch nicht aufgetaucht.

„Jetzt mache ich mir doch so langsam Sorgen“, sagt unsere Mutter zu ihrem Bruder.

„Da ist schon nichts passiert. Hier hinterm Haus sind doch nur Felder und Wiesen. Vermutlich ist er zur alten Mühle gegangen, um tolle Aufnahmen zu schießen. Vielleicht hat er dort dann doch seine Freundin vom letzten Besuch getroffen“, versucht Onkel Fritz mit einem verschmitzten Lächeln unsere Mutter zu beruhigen.

Dann, am späten Nachmittag, erscheint Onkel Alfred und will uns nun zum Wochenendhaus direkt am Ruppiner See fahren. Das Gepäck hat er schon dorthin hingefahren. „Wolfgang ist noch immer nicht aufgetaucht. Wir können erst fahren, wenn der Bursche zurück ist. Der kann was erleben. Ich bin auf hundert, ich könnte aus der Haut fahren!“, braust unsere Mutter ungewohnt auf.

Urplötzlich geht die Tür auf und Wolfgang erscheint mit einem Lächeln auf der Bildfläche. Unsere Mutter springt auf, verpasst Wolfgang eine saftige Ohrfeige und nimmt ihn dann heulend in den Arm. „Wo warst du nur?“ möchte sie nun von ihm wissen.

„Ich habe vor der Kaserne den russischen Wachsoldaten fotografiert. Augenblicklich standen zwei Soldaten neben mir und hielten mir ein Gewehr unter die Nase. Ich musste mit in die Kaserne und wurde dort stundenlang von unterschiedlichen Offizieren verhört. Erst als sie mir den Film abgenommen hatten, ich glaubhaft erklären konnte, dass ich kein Spion bin und sie meinen Ausweis fotografiert hatten, durfte ich gehen“, erzählte Wolfgang sein Erlebnis.

„Da hast du verdammtes Glück gehabt. Die haben schon andere über Nacht eingesperrt. Nur weil sie einem Soldaten Zigaretten über den Zaun gereicht haben“, erklärt Onkel Alfred. „So, nun aber endlich los“, scheucht er uns auf.

Nach kurzer Fahrt durch die Stadt in Richtung Altruppin, halten wir vor einem Gartentor und steigen aus. „Das ist euer Zuhause für die nächsten Wochen, in dem ihr euch so richtig wohlfühlen und erholen sollt“, hält Onkel Alfred mit etwas Stolz eine kleine Rede.

Wir gehen den kurzen Weg durch den Obst und Gemüsegarten und stehen dann vor der Blockhütte. „Überraschung, Willkommen, ihr Lieben“, begrüßt uns Uschi, die Frau von Alfred und strahlt über das ganze Gesicht. „Das Abendessen steht schon auf dem Tisch. Ihr Jungs habt doch sicher schon Hunger?“, bittet sie uns an den großen Gartentisch direkt am Bootssteg.

„Ist das herrlich. Einfach traumhaft. Direkt am See bei diesem Wetter“, jubelt unsere Mutter, umarmt ihren Bruder Alfred und lässt ein paar Tränchen kullern.

Nach dem Essen verabschieden sich Uschi und Alfred. Wir Stader sind jetzt ganz allein in unserem Paradies.

Wolfgang hat schon die erste Erkundungsrunde hinter sich. „Da liegt ein Motorboot am Steg. Bestimmt wird Onkel Alfred eine Ausfahrt mit uns machen“, freut er sich schon auf den morgigen Tag.

Und tatsächlich erscheint am nächsten Morgen unser Bootsführer und lädt uns zu einer kleinen Rundfahrt über den Ruppiner See ein. Allerdings ist die Ausfahrt nur von kurzer Dauer. Dunkle Gewitterwolken ziehen über den See auf. Onkel Alfred vertäut das Boot und deckt es mit einer Plane ab. „Die nächsten Tage wiederholen wir die Bootstour“, verabschiedet er sich und hat es nun sehr eilig, noch vor dem Gewitter nach Hause zu kommen.

Kaum ist er einige Minuten weg, bricht das Inferno los. Wolkenbruchartiger Regen prasselt mit lautem Getöse auf das Dach. Grelle Blitze zucken in kurzen Abständen über den See. Mit ohrenbetäubenden Knall folgt unmittelbar der Donner.

„Das Gewitter ist direkt über uns. Ich habe so ein Gewitter noch nie erlebt. Ich habe große Angst. Komm, wir fragen die Nachbarn, ob wir nicht zu ihnen rüberkommen können“, schluchzt unsere Mutter. „Kommen Sie nur schnell rein“, fordert der Nachbar uns lachend auf, als wir an seine Tür klopfen.

„Meine Frau hat auch immer Angst, wenn es mal ein wenig donnert. Sie freut sich bestimmt über gleichgesinnte Angsthasen“, schmunzelt er und stellt uns seine zitternde Frau vor.

Wir müssen jetzt doch lachen, wie wir alle so ängstlich im Wohnzimmer stehen. So schnell, wie das Gewitter gekommen ist, verschwindet es auch nach kurzer Zeit.

„Entwarnung! Wir sind alle noch am Leben. Sie können

die Nacht ruhig schlafen. Morgen wird es einen sonnigen Tag geben und sie können im See baden. Zwanzig Grad Wassertemperatur“, entlässt uns der hilfsbereite Nachbar.

Tatsächlich weckt uns eine strahlende Sonne. Wolfgang ist schon früher aufgestanden und hat Brötchen aus Altruppin geholt. Wir frühstücken schnell und sind dann nicht mehr zu halten. Klaus und ich laufen auf den Steg, springen mit einer Arschbombe in das piewarme Wasser und paddeln mit zwei Schwimmzügen wieder zum Steg. Richtig schwimmen ist das nicht. Unsere Mutter macht es uns nun zum wiederholten mal vor. Unter Wasser klappt es schon ganz gut. Ich werde nicht aufgeben, denke ich und starte einen Versuch nach dem anderen. Endlich habe ich den Dreh raus. Wenn ich richtig atme, bleibe ich über Wasser und komme sogar einige Meter voran. Meine Mutter lobt mich, holt mich und Klaus jetzt aber aus dem Wasser. „Ihr könnt nach einer kurzen Pause wieder ins Wasser. Jetzt trinkt ihr erst mal etwas und ruht euch ein wenig aus.“

Als ich im Liegestuhl liege, bin ich doch etwas stolz auf mich. „Am Ende der Ferien werde ich schwimmen können“, verspreche ich meiner Mutter. Dann drehe ich mich auf den Bauch, genieße die warmen Sonnenstrahlen auf meinem Rücken und freue mich wie ein Schneekönig auf die schönen Tage in Neuruppin.

Angst macht Beine

Gestern Regen, heute Regen. Ich sitze nach dem Frühstück am Fenster und langweile mich.

Die Landwirte und Kleingärtner, auch Laubenpieper genannt, freuen sich über den Regen.

„Du kannst ja mit deinem Bruder Schach spielen", schlägt mein Mutter uns vor.

„Mit dem Blödmann spiele ich überhaupt nicht mehr. Der ist so was von gemein und hinterfurzig", erkläre ich ihr.

Genaue Angaben über seine Aktionen mache ich nicht. Bin doch kein Petzer.

Am frühen Nachmittag verziehen sich die Wolken und die Sonne zeigt sich wieder von ihrer besten Seite. Als wenn ich es geahnt habe, ertönt das vereinbarte Klingelzeichen, zweimal kurz und einmal lang, an unser Haustür. Hawi und Eule stehen unternehmungslustig vor der Tür. „Gut, dass ihr gekommen seid. Bin schon fast gestorben vor Langweile. Wo ist denn unser Hühnchen?", begrüße ich meine Freunde.

„Soll neue Schuhe bekommen. Ist mit seiner lieben Mutter in die Stadt gefahren", informiert mich Eule.

„Und wir, was machen wir drei Hübschen denn noch heute?", möchte ich von den beiden wissen.

„Wir sollten mal wieder in unsere alten Jagdgründe gehen. Waren schon lange nicht mehr am Heidbach", schlägt Hawi vor.

Also brechen wir auf und überqueren die B73. Am Gerstenkamp gehen wir runter an die Bahnstrecke Stade – Bremervörde/Bremen und marschieren weiter bis zum Heidbach. Ziel ist das kleine Wäldchen, in dem wir vor einigen

Jahren den Bach angestaut haben. Oben auf der Uferböschung, direkt am Feldrand, erweckt ein Bauwagen unsere Neugier. Vorsichtig pirschen wir uns ran. Die Luft ist rein, kein Mensch zu sehen. Eule schaut durchs Fenster und kann nichts Lohnendes im Wagen entdecken. „Das Vorhängeschloss ist nicht richtig eingerastet“, stellt Hawi plötzlich fest. Als wir die Tür öffnen, wabert uns abgestandener Zigarettendunst entgegen. Volle Aschenbecher, beschmierte Kaffeebecher, Gummistiefel und Arbeitsklamotten sind zu sehen. Als wir gehen wollen, entdecke ich ganz hinten in der Ecke eine ziemlich große Axt.

„Konfisziert“, sage ich und nehme die Axt in die Hand. „Sie ist doch ziemlich schwer“, stelle ich fest.

„Trotzdem, die können wir gut gebrauchen“, überzeugt uns Eule. Gerade, als wir uns mit der Beute auf den Heimweg machen wollen, holpert ein alter Kleintransporter über das Feld.

„Die Bauarbeiter sind zurück. Los, abhauen, aber mit Karacho“, sporne ich die Jungs an. Wir pesen ab wie Windhunde. Mit der schweren Axt bin nicht so schnell wie die beiden. „Die werden uns schon nicht kriegen, die lahmen Enten“, verspreche ich Hawi und Eule und patsche, beim Sprung über einen Graben, voll ins Wasser.

Zum Glück geht den Bauarbeitern schnell die Puste aus und sie traben nur noch ziemlich abgekämpft hinter uns her.

Die wollen doch nur noch sehen, von wo wir eigentlich hergekommen sind, denke ich, und gebe Entwarnung. Als wir durch die Kleingartenanlage an der Bahnstrecke gehen, lachen uns in einem eingezäunten Garten die reifen Erdbeeren an. Mit Heißhunger stürzen wir uns auf die süßen Früchte, ohne auf das Motorengeräusch eines Mopeds zu hören. Erst als es nur noch wenige Meter vom Garten entfernt ist, erkennen wir die Gefahr. Wir springen auf und rennen nun schon zum zweiten Mal an diesem Tag weg.

Der Mopedfahrer steigt blitzschnell vom Krad, wirft seine Maschine ins Gras und läuft laut schimpfend hinter uns her, den Bahndamm hoch und die Gleise entlang. Wo die beiden Freunde hinrennen, kann ich nicht mehr verfolgen. Zu dicht ist mir der Typ schon auf den Fersen. In fast auswegloser Situation springe ich in eine üppige Ginsterbuschgruppe direkt am Bahndamm. Der Gartenbesitzer läuft erst vorbei, kommt dann aber langsam suchend zurück und bleibt neben meinem Busch stehen. Er sieht mich aber unter dem Ginster nicht. Ich könnte seine Schuhe mit der ausgestreckten Hand erreichen. So nah, eigentlich müsste er doch mein heftig schlagendes Herz hören, denke ich. Nach einer gefühlten Ewigkeit dreht er sich um und geht in Richtung Garten zurück. Das ist meine Chance, glaube ich. Ich springe also auf und renne wie der Teufel los. Egal, ob mir Brombeerhecken und Brennnesseln den Weg versperren. Nur durch und weg. Mein Verfolger erkennt nun, welche Richtung ich einschlage, startet wieder sein Moped und versucht, mir den Weg abzuschneiden. Erst als ihm ein Pferdegespann auf dem Feldweg den Weg versperrt, gibt er auf und dreht um.

Jetzt erst atme ich richtig auf und schaue mich nach Eule und Hawi um. Keiner ist zu sehen. Also trotte ich zur Graf-Thietmar-Straße. Auf der Bank am Spielplatz erwarten mich zwei lachende Burschen. „Du siehst ja wie nach einem Kampf aus. Überall Blut“, bemerkt Eule.

„Hat er dich doch erwischt?“, fragt Hawi.

„Beinahe. Bin ihm aber durch meinen beherzten Lauf

durch alle Dornen und Stacheln dieser Welt entkommen", erkläre ich meine kleinen Wunden. „Von Erdbeeren will ich die nächste Zeit nichts mehr sehen und hören. Werde meine Wunden pflastern und mich etwas ausruhen. Die Tage werden wir die Axt holen, die ich beim Garten mit den Erdbeeren versteckt habe", will ich mich von den beiden verabschieden.

„Ohne mich", will sich Hawi drücken.

„Du feige Nuss. Wir gehen alle", gibt ihm Eule zu verstehen.

„Aber nicht die nächsten Tage. Erst an einem Tag mit Regenwetter, damit wir dem Mopedfahrer nicht wieder begegnen", schlage ich vor.

Meine Mutter ist Kummer gewohnt. Solche Schrammen und Kratzer regen sie schon nicht mehr auf. Sie holt Pflaster und eine Schere und legt los. Acht größere Wunden erhalten ein Pflaster. Der Rest ist schon mit Schorf bedeckt und blutet nicht mehr.

Am nächsten Tag ist schon fast alles vergessen. Fast! Als es bei uns an der Tür klingelt und meine Mutter öffnet, steht ein Mann im mittleren Alter auf dem Absatz.

„Guten Tag Frau Renner, mein Name ist Ziegenbein, ich bin bei der Kriminalpolizei. Kann ich reinkommen?", fragt er höflich.

Meine Mutter bittet den Herrn in den Flur „Ist was mit meinem Sohn Wolfgang passiert?", erkundigt sich meine Mutter ängstlich.

„Keinem Ihrer Söhne ist etwas geschehen", beruhigt er sie „Es geht um einen Diebstahl aus einem Bauwagen in der Nähe von Riensförde. Drei Jungen haben die Bauarbeiter gesehen, die weggelaufen sind. Sie haben sie eine Weile verfolgt und glauben nun, dass sie aus der Siedlung sind. Aus dem Bereich Langobardenstraße, Graf-Hartwig-Straße, Graf-Thietmar-Straße, Graf-Siegfried-Straße und Udonenstraße. Sind Ihre Söhne im Haus? Ich würde sie gerne sprechen", beendet er seine lange Ansprache.

„Klaus und Ulrich, sofort runterkommen", wird von unten gerufen. „Mein Sohn Wolfgang ist in Eutin, er arbeitet dort", entschuldigt sie Wolfgang.

Als wir vor dem Polizisten stehen, schaut er uns tief in die Augen und fragt mit leiser Stimme: „Ihr Jungs habt beide Gummistiefel?"

Wir nicken heftig und wollen wissen, wieso es um die Stiefel geht.

„Ich habe Gipsabdrücke von all den Spuren gemacht, die sich fluchtartig vom Bauwagen wegbewegten. Prima Profile von Stiefeln der Größe 39-40. Also, bitte holt mir eure Gummistiefel zum Abgleich", fordert er uns auf.

Als ich mit den Stiefeln aus dem Keller komme, holt er die Gipsabdrücke aus seiner Aktentasche und setzt sich eine Brille auf. Lange schaut er auf die Profilsohlen der Stiefel und schüttelt den Kopf. „Frau Renner, ich kann Sie beruhigen. Ihre beiden Söhne haben mit der Tat nichts zu tun. Das ist amtlich. Ich werde also weitersuchen müssen. Entschuldigen Sie die Störung", verabschiedet er sich von uns und geht zur Tür.

„Sie haben doch nur Ihre Pflicht getan", entlässt sie den Polizisten.

„Ich muss noch mal schnell weg. Zu Eule gegenüber", melde ich mich ab.

Eule staunt nicht schlecht, als ich ihm vom Kriminalpolizisten erzähle. „Wieso hat er nicht dein Stiefelprofil erkannt? Der Stiefel von Klaus war ja nicht am Tatort, aber deiner hat doch Spuren hinterlassen", erkundigt sich Eule.

„Trick 17, mein Freund. Ich habe die Stiefel meiner Mutter, Größe 39-40, aus dem Keller geholt. Und meine Mutter war ja nun wirklich nicht auf Diebestour. Und die Pappnase hat sich damit täuschen lassen", berichte ich lachend.

„Tolle Idee. Wenn der bei uns auftaucht, und das wird er, wende ich den gleichen Kniff an", eröffnet mir Eule.

„Gut, mach das. Mein Vorschlag aber ist, wir holen die Axt aus dem Versteck und bringen das Ding wieder zurück in den Bauwagen. Leider können wir die fassungslosen Gesichter der Bauarbeiter nicht sehen", meine ich.

„Dann können wir wieder ruhig schlafen und haben ein reines Gewissen. Die Erdbeeren zählen ja zum Mundraub und fallen kaum ins Gewicht", ist Eule sichtlich erleichtert.

„Dann bis morgen", verabschiede ich mich und gehe durch den Garten ins Haus.

Das allerletzte Mal

Nur noch einen Monat bis zu den Sommerferien. Ich freue mich schon riesig auf diese Wochen. Dann ist jeden Tag Badeanstalt angesagt. Vielleicht auch mal eine Radtour an die Elbe, um dort zu baden. Hawi und Hühnchen fahren auch nicht in den Urlaub. Nur Eules Eltern haben eine Woche Urlaub an der Nordsee geplant. Unsere Eltern waren nur ein einziges Mal im Urlaub. Das war vor vielen Jahren. Eine Bahnreise nach Bayern. Berchtesgaden, Watzmann, Königssee usw. Ohne Auto sind auch nur kleine Tagesausflüge möglich. Unsere Eltern haben noch nie einen Gedanken an ein Auto verschwendet. So einen Luxus können sie sich einfach nicht leisten. Bis auf die Ferien mit unser Mutter, in Neuruppin, direkt am Neuruppiner See, haben wir noch keinen Familienurlaub machen können. Am Ruppiner See hatte der Bruder meiner Mutter ein Wochenendhaus mit direktem Zugang zum See. Einen großen Garten und sogar ein Motorboot konnten wir nutzen. Die beiden anderen Brüder Rudolf und Fritz sowie ihre Mutter wohnten ebenfalls in Neuruppin und besuchten uns regelmäßig am See.

Als ich gegen Mittag aus der Schule komme, liegt ein Brief ungeöffnet auf dem Küchenschrank. Absender das Gesundheitsamt Stade. Ich ahne nichts Gutes. Ob es nur eine Reihenuntersuchung ist? Vielleicht aber auch die Bestätigung für einen Ferienplatz in einem Erholungsheim. Ich mag gar nicht daran denken.

Unsere Mutter steht in der Küche und macht Hefeklöße mit Pflaumenkompott. Wir essen und sie öffnet derweil den Brief vom Amt. „Die Frau Dr. Mühlen-Ewald hat uns wohl besonders ins Herz geschlossen. Ihr könnt wieder in einem Ferienheim die ersten Tage der Sommerferien verbringen. Ist das nicht eine tolle Überraschung?“, strahlt sie uns an.

Klaus ist, unverständlich für mich, total begeistert. Ich verschlucke mich fast und will es erst nicht glauben. „Du willst uns doch nur auf den Arm nehmen und uns verscheißern?“, erkundige ich mich ziemlich ängstlich.

„Nein, hier steht es. Du kannst es selber lesen“, reicht sie mir den Brief. Tatsächlich kann ich da lesen: *Können wir Ihnen, Frau Renner, mitteilen, dass zwei Ferienplätze für Klaus und Ulrich genehmigt wurden. Allerdings können die Zwillinge nicht zusammen in ein Heim kommen. Ihr Sohn Klaus wird in Oberbayern einige Tage verbringen und Ulrich kann sich auf den Teutoburger Wald freuen.*

Ich werfe den Brief zurück zu meiner Mutter und verlasse den Esstisch voller Wut. „Das ist das allerletzte Mal. Danach will ich nie wieder in ein Ferienlager oder wie das heißt“, stoße ich heraus und knalle die Tür zu. Einen klitzekleinen Vorteil hat diese Ferienzeit im Teutoburger Wald schon. Meinen blöden Bruder brauche ich dann einige Tage nicht mehr sehen. Der Stänkerer hat mich die letzte Zeit ziemlich geärgert. Erst vor einigen Tagen hat er, ich habe noch geschlafen, die drei Gurte vom Wandklappbett über mich und der Zudecke geschlossen und dann das Bett halb hochgeklappt. Damit war ich wie gefangen und völlig bewegungslos seinem Kitzelangriff ausgeliefert. Nach lachen war mir nicht zumute. Ich bekam kaum noch Luft und habe Angstattacken bekommen. Erst nach langem Betteln und Bitten hat er mich aus dieser misslichen Situation befreit. Auch noch nicht lange her ist sein hinterhältiger Angriff mit einem Dartpfeil. Völlig unverhofft wirft er nach einem verlorenen Spiel einen Pfeil in meine Richtung. Ich werde am Fuß getroffen und blute etwas. „Achtung, Pfeil kommt", ruft er mir zu, als das Objekt schon längs in meinem Fuß steckt. Ich darf mich nicht mit ihm prügeln. Strenges Verbot meiner Eltern. Er ist doch so viel schwächer als du, bekomme ich immer zu hören. Petzen will ich aber auch nicht und so habe ich mir ein Pflaster geholt und meine kleine Wunde versorgt.

Die letzten Tage vor den Ferien sind ziemlich ätzend. In fast allen Fächern werden noch schnell Klassenarbeiten geschrieben. Leider erhalten wir sie, auch noch vor den großen Ferien, benotet zurück. Das bessert meine Laune und besonders die meiner Eltern nicht gerade auf.

„Nach der Rückkehr könnt ihr euch schon auf Unterricht und Übungsstunden zuhause freuen", droht unsere Mutter an. Das lässt uns ziemlich kalt. Erst ist ja da noch der Ferienaufenthalt und dann wollen wir mal sehen, ob das eingehalten wird.

Ohne große Abschiedszeremonie steige ich in den Zug nach Detmold. Schon am Bahnsteig habe ich ein bekanntes Gesicht erkannt. Karin Seibert fährt auch mit nach Berlebeck. Karin gehört auch zu den Kindern vom Block 5 aus Stade Süd, auch Flugplatz genannt.

Als der Zug anruckt und sich dampfend in Bewegung setzt, winke ich meiner Mutter nur kurz zu. Mit Karin kann ich kaum mehr als die Begrüßung reden, weil wir schon während der Bahnfahrt in die Mädchen- und Jungengruppe aufgeteilt werden. Die Fahrt geht über Hamburg Harburg und Hannover. In Hannover umsteigen nach Detmold. Dort steigen wir am Bahnhof in einen Bus nach Berlebeck. Unser Ferienheim ist eine sehr große, zimmerreiche Villa an einem Hang mitten im Wald. Der Eingang ist auf der dem Hang zugeneigten Seite. Das Kellergeschoss ist auf der abfallenden Seite des Hangs ein volles Geschoss mit Speisesaal, Küche und Abstellräumen. Die Mädchenzimmer sind im ersten Stock. Wir haben unsere Betten im Dachgeschoss. Die Heimleiterin begrüßt uns freundlich und gibt uns einige Regeln der Hausordnung bekannt. „Ihr werdet in den Tagen hier viel Freude haben. Auf dem Programm stehen lange Spaziergänge, Besichtigung der Adlerwarte und Ausflüge zu den Externsteinen sowie zum Hermannsdenkmal. Natürlich fahrt ihr auch zum Schloss Detmold, das mal eine mittelalterliche Wasserburg war. Aber jetzt ist erst mal Essen angesagt“, beendet sie ihre kleine Ansprache.

Nach der Bahnreise haben wir einen gehörigen Appetit. Diesmal gibt es erstaunlicherweise keinen Mittagsschlaf.

„Wir werden gleich einen wunderbaren Streifzug um unser Heim machen. Danach beziehen wir die Zimmer und packen unsere Koffer aus“, stellt sich Schwester Gerda vor.

An diesem warmen Tag ist der Aufenthalt im Wald eine kleine Wohltat. In meinem Zimmer mit Dachschräge stehen zwei Betten, also Doppelstockbetten. Ich ergattere zum Glück ein Bett unten.

Am 13. Juli habe ich wie immer in den Ferien Geburtstag. Aus Stade habe ich einen Brief erhalten und ein kleines Päckchen von Eule bekommen. Was im Päckchen ist, weiß ich. Wie abgesprochen schickt mir Eule den Trommelrevolver mit der Zündplätzchenmunition zur Tarnung in einer Konfektschachtel, damit keiner ersehen kann, was für ein „Geschenk“ ich erhalten habe.

„Du gibst doch sicher allen gerne etwas ab?“, fragt

Schwester Gerda freundlich.

„Ja sicher. Aber erst gegen Abend nach dem Essen“, rede ich mich raus.

Vom Heim bekomme ich eine extra Portion Nachtisch zum Geburtstag. Danach geht es wie jeden Tag in den Wald. Ich bleibe einige Meter hinter der Gruppe zurück, lade meinen Revolver mit dem Zündplätzchenring und ballere hinter einem Busch versteckt los. Das Echo im Wald ist enorm und klingt fast wie echte Munition. Blitzschnell verstecke ich meine Waffe unter der Jacke und mime den Verdutzten, der gerade beim Pinkeln hinter dem Busch erschreckt wurde.

„Wer oder was war das“, dreht sich Schwester Gerda um und blickt suchend in die Runde. Schweigen im Walde. Nur Detlef hebt die Hand. „Ich habe genau gesehen, wer das war. Der Ulli hat mit einer Pistole geschossen“, petzt er und meiert mich damit bei Schwester Gerda an.

„Gib mir sofort deinen Revolver, Ulrich. Zur Abreise bekommst du ihn wieder. Ich werde es der Heimleitung melden. Eine Strafe ist dir gewiss“, schimpft sie mit schrillem Ton.

„Das hast du nicht umsonst gemacht, du alte Petze. Das gibt Senge“, zische ich leise durch die Zähne und gebe meine Pistole samt Munition bei Schwester Gerda ab.

Die Brüder aus Kutenholz, mit denen ich mich schon beim ersten Spaziergang angefreundet habe, schmieden mit mir einen Plan. „Der bekommt, wenn die meisten Kinder schon schlafen, etwas mit einer Rute über den nackten Arsch“, freue ich mich schon auf die Strafaktion.

„Wir sind dabei“, versichern mir die beiden. Heimlich brechen wir uns einige frische, biegsame Zweige ab und verstecken sie gekonnt unter dem Hemd. Nach dem Abendessen singen wir noch ein Lied zusammen. Dann ist waschen und Zähne putzen angesagt. Kurze Zeit später wird das Licht gelöscht. Nach nur wenigen Minuten stehen die Kutenholzer mit mir auf dem Flur. Die Luft ist rein. Keine Gerda in Sicht. Wir schleichen uns an Detlefs Bett, ziehen seine Zudecke und ihm die Schlafanzughose herunter und gerben ihm das Fell. „Jeder nur zwei Schläge. Das reicht für diesen Verräter", halte ich meine Mitstreiter zurück. In der Dunkelheit tasten wir uns wieder in unsere Betten und ich schlafe auf der Stelle ein.

Der nächste Morgen hält eine Überraschung für mich parat. Gleich nach dem Frühstück werde ich in den Keller beordert. Dort im Schuhraum, so wird er genannt, stehen alle Schuhe der Ferienkinder. Wirklich alle. Mit Bürste, Lappen und Schuhcreme bewaffnet erscheint Schwester Gerda. „Diesen Vormittag wirst du, Ulrich, die Schuhe aller Kinder blitzsauber putzen. Wenn du dann fertig bist mit putzen, fegst du den Kellerraum. Ich mache danach Kontrolle", erhalte ich von ihr die Anweisungen.

Schöne Scheiße, denke ich und mache mich an die Arbeit. Derweil spielen die Mädchen und die Jungen Völkerball genau vor meinem Kellerfenster. Jeder wirft natürlich einen kurzen Blick durchs Fenster und neckt mich. Ich könnte heulen, putze aber eifrig weiter und bin schneller als gedacht fertig. Nach dem Essen wollen wir zur Adlerwarte, die gleich in der Nähe ist. Auch ich darf natürlich wieder mit. Die Vorführungen mit diesen imposanten Vögeln begeistern uns. So klingt auch dieser Tag noch versöhnlich für mich aus.

Die nächsten Tage sind mit baden, wandern und Ausflügen ausgefüllt. Der Besuch bei Armin, dem Cheruskerfürsten, wird wohl ewig in meinem Gedächtnis bleiben. Ein gewaltiges Denkmal. Auch die Externsteine, ein Naturdenkmal und eine alte Kultstätte begeistern mich.

Die letzte Nacht vor der Abreise gehen einige Jungen runter in die Mädchenetage. Was auch immer da passiert sein soll, will mir auch Karin Seibert nicht erzählen.

Am nächsten Morgen kommt eine Amtsärztin in die Villa und untersucht die Mädchen. Sie gibt Entwarnung. Es hat kein Geschlechtsverkehr stattgefunden.

Dann geht alles sehr zügig. Der Bus kommt und fährt uns nach Detmold zum Bahnhof. Nach der etwas langweiligen Bahnfahrt kommen wir endlich in Stade an. Das Empfangskomitee steht schon freudig bereit. Meine Mutter und Tante Inge nehmen mich in ihre Mitte, umarmen mich stürmisch und freuen sich über meine gesunde Rückkehr. Die kleine Träne der Freude sehen sie zum Glück nicht.

Nur die Holzmedaille

Ich bin mit Hawi und Hühnchen um drei Uhr auf dem Spielplatz an der Sachsenstraße verabredet. Ich klingle bei Hawi und warte auf den Summer zum Öffnen der Haustür. Keine Reaktion. Also gehe ich zum Spielplatz direkt an der Rollschuhbahn.

Auf den eingelassenen Baumstämmen, die als Sitze dienen, sitzen Hawi und Hühnchen mit Klaus-Dieter Neumann und spielen Karten auf dem dicksten Stamm in der Mitte. Klaus-Dieter kenne ich von der Schule her. „Was spielt ihr denn für ein Spiel", frage ich in die Runde.

„17 und 4 heißt das Spiel. Wir spielen natürlich um Geld. Es bringt ja sonst keinen Spaß", informiert mich Klaus-Dieter. Ich staune nicht schlecht, als ich höre, dass Hawi und Hühnchen schon je drei Mark verloren haben.

„Also, für mich ist das kein Spiel", lasse ich die drei wissen. Inzwischen sind noch drei ältere Jungen vom Athenaeum eingetrudelt und nehmen nun die Plätze von Hawi und Hühnchen ein. Schon nach ziemlich kurzer Zeit ist Klaus-Dieter auf der Gewinnerstraße und die Burschen sind pleite. Sage und schreibe zwölf Mark hat er den Dreien abgenommen.

„Ein wirklich guter Tag", resümiert Klaus-Dieter. „Achtzehn Mark in dieser kurzen Zeit", zählt er uns vor.

„Das ist ein verbotenes Spiel", mache ich mich jetzt bemerkbar.

„Na und?", lacht Klaus-Dieter und steckt das Geld in seine Hosentasche. „Du bist doch auch beim VFL-Stade. Handball und Leichtathletik?" fragt er mich unvermittelt und schlägt mir vor, gemeinsam zu trainieren.

„Gute Idee. Zu zweit bringt es wirklich mehr Spaß“, strahle ich ihn an.

„Gut, also morgen um 16 Uhr hier auf dem Spielplatz in Trainingsklamotten“, schlägt er mir vor. Ich nicke nur und freue mich sehr, weil Klaus-Dieter ein sehr guter Läufer auf der Mittel- und Langstrecke sowie Kreis- und Bezirksmeister und Teilnehmer bei Landesmeisterschaften ist.

Am nächsten Tag bin ich natürlich pünktlich am Treffpunkt. Das wird bei der Wärme nicht so leicht werden, denke ich mir.

Klaus-Dieter ist schon bereit und tänzelt wie ein Rennpferd vor dem Start. „Los, geht es“, gibt er das Kommando.

Wir laufen die Sachsenstraße bis zur Harsefelder Straße, biegen dort nach rechts ab und weiter die Brauerstraße entlang. Wir legen ein ziemlich forsches Tempo vor. Weiter über den Schulhof der Grundschule in die Wilh.-Sietas-Straße. Ohne Verschnaufpause laufen wir dann die Frommholdstraße bis zur Horststraße. Dort geht es dann weiter über die Schwingebrücke bis zum Wald Schwarzer Berg. Dort angekommen suchen wir die tiefen Bombentrichter auf und absolvieren dort ein sehr spezielles Training. Zehn mal runter und wieder raus aus dem Trichter. Der Schweiß läuft mir in die Augen und den Rücken runter. Ich bin pitschnass und ziemlich fertig. Klaus-Dieter kann man diese Trainingseinheit kaum ansehen. Ich aber konzentriere mich jetzt auf den Rückweg, denn ohne Pause geht es nun wieder zurück. Ich bin heilfroh, als wir wieder den Spielplatz an der Rollschuhbahn erreichen.

Nach einigen Dehnübungen beenden wir unsere Übungseinheit.

„Das machen wir jetzt zwei mal die Woche“, schlägt

mein Trainingspartner vor. Ich stöhne noch ein leises Okay und verabschiede mich.

Zuhause werde ich wohl einen Liter Wasser trinken müssen, um wieder zu Kräften zu kommen, sage ich mir. Meine Mutter hat zum Glück schon auf mich gewartet und einen Krug mit Zitronenwasser bereitgestellt. Gierig trinke ich mit großem Genuss. „Du siehst ja völlig abgekämpft aus. Du solltest dich nicht gleich so verausgaben. Immer langsam steigern", rät sie mir.

„Wenn ich so mit Klaus-Dieter trainiere, werde ich vielleicht mal gewinnen können. Denk an das letzte Jahr. Dobrock Bergfest, nur 4. im 800 Meterlauf, 4. auch in Cuxhaven beim 1000 Meterlauf und nur 6. beim Crosslauf zur Norddeutschen Meisterschaft im Sachenwald bei Aumühle", erkläre ich meiner Mutter.

„Vielleicht solltest du nur noch Handball spielen und mit der Leichtathletik aufhören", will mich meine Mutter trösten.

„Ja, mal sehen. Nächstes Wochenende sind Kreismeisterschaften bei uns in Stade auf dem Sportplatz Camper Höhe und da will ich unbedingt noch einen letzten Versuch starten. Leider kann ich bis dahin nur noch zweimal trainieren", antworte ich ihr.

Die nächsten Tage komme ich kaum zum Laufen. Eine ziemlich bösartige Magenverstimmung mit Durchfall setzt mich schachmatt. Erst Freitag, einen Tag vor der Meisterschaft, bin ich wieder richtig auf den Beinen. Ich putze meine Spikes und packe meine Sporttasche. In der Nacht schlafe ich unruhig und bin oft wach. Nach einem kleinen Frühstück bin ich dann schon um 8 Uhr auf dem Weg zum Sportplatz. Dort herrscht schon reges Treiben. Herr Kuhnke, den ich ja vom Block 5 aus Stade-Süd gut kenne, empfängt mich mit einer Botschaft, die mir gar nicht passt. Nicht beim 1500 Meter Rennen soll ich antreten, sondern die Sprintstrecke 400 Meter laufen. „Es gibt zwölf Teilnehmer, also zwei Vorläufe und du bist im ersten Lauf“, informiert er mich.

Ich erwische leider die Außenbahn. Ich bin schon sehr aufgeregt, als ich an den Start gehe und mir die Startblöcke einrichte. „Auf die Plätze, fertig und Schuss.“

Ich flitze los. Leider kann ich meine Kontrahenten durch die Kurvenvorgabe nicht sehen. Ist auch nicht so wichtig.

Ich laufe als Mittelstreckler einfach ein Rennen nach meinen Möglichkeiten. Die letzten 50 Meter kann ich dann locker vor dem ganzen Feld herlaufen und gewinne den Vorlauf mit großem Vorsprung.

Schnell ziehe ich meine Laufschuhe aus und meinen Trainingsanzug an. Der Endlauf ist für 14 Uhr geplant. Also kann ich noch nach Hause gehen und sogar in Ruhe mit meinen Eltern, Klaus und Wolfgang mit Freundin über meinen Vorlaufsieg reden.

„Ihr könnt heute um 14:00 Uhr den neuen Kreismeister Ulrich Renner erleben. Kommt also rechtzeitig auf den Sportplatz vom Tus Güldenstern. Ich bin natürlich schon viel früher vor Ort und laufe mich auf einem Nebenplatz ein. Punkt 14:00 Uhr werden wir an den Start gerufen. Dieses Mal habe die zweite Innenbahn.“

„Ulrich, die ersten hundert Meter läufst du so schnell wie möglich an, lässt es dann etwas lockerer angehen, um danach die letzten 110 Meter volles Tempo zu laufen“, gibt mir Herr Kuhnke als Taktik auf den Weg.

Ich nicke nur und gehe auf meine Bahn. Nach dem Startschuss stürme ich wie ein Verrückter los, um nach zirka 120 Metern das Tempo etwas zu verringern. Ich habe alle Läufer vor mir im Blickfeld und kann das Rennen kontrollieren. Nach der letzten Kurve liege ich trotz Kurvenvorgabe der anderen um einige Meter vor dem Feld. Noch etwa 50 Meter. Plötzlich wollen meine Beine nicht mehr so, wie ich will. Die Waden schmerzen, ich habe das Gefühl, kaum noch voranzukommen, und dann werde ich auch noch überrannt. Mit letzter Anstrengung rette ich mich ins Ziel.

Vierter, wieder vierter, denke ich und gehe enttäuscht zu meiner Sporttasche. Als ich mich zu meiner Familie umsehe, erkenne ich, dass sie eifrig Beifall klatschen. Das kann mich auch nicht trösten. Diese Strecke liegt mir einfach nicht. Ich ziehe mich um und gehe dann zu ihnen.

„Hallo, Kreismeister, wo ist denn deine Holzmedaille“, lästert mein Zwillingsbruder.

Ich könnte ihn würgen, diesen total unsportlichen Heini. Für mich steht jetzt fest: Leichtathletik nur noch in der Schule.

Die Trainingseinheiten mit Klaus-Dieter werde ich aber weiter absolvieren. Als kleines Trostpflaster gibt es von meiner Mutter eine neue Turnhose.

Zu viel Salz in der Suppe.

Diese fast schwarzen Haare und der braune Teint lassen sie wie eine exotische Schönheit aus der Karibik erscheinen. Auch ihr ganz besonderer Gang, ähnlich einer Tänzerin, wirkt sehr anziehend auf mich. Im Stader Freibad sitzt sie immer mit einer Clique auf der mehrstufigen Betonterrasse, neben dem Schwimmerbecken. Natürlich ist sie mir schon häufiger in der Pause aufgefallen. Ob sie in der Parallelklasse, eine tiefer oder höher ist, muss ich noch unbedingt rausbekommen.

Wir, also Eule, Hühnchen und ich, schlagen unser Quartier immer am südlichen Zaun vor einer Buschgruppe auf. Das hat auch einen besonderen Grund. Der Eingang, Am Exerzierplatz, bedeutet für uns aus dem Sachsenviertel einen ziemlich langen Weg. Also haben wir uns einfach einen eigenen Zugang geschaffen. Als Besitzer einer Jahreskarte ist das ja kein Betrug. Ecke Sachen/Timm-Kröger-Straße haben wir uns den Maschendrahtzaun so hoch gebogen, dass wir darunter durchkriechen können.

Jetzt, in der Ferienzeit, sind wir bis auf wenige Ausnahmen täglich im Freibad. Heute will ich mir mit meiner Decke und dem Handtuch unbedingt einen Platz auf der Terrasse sichern.

Eule und Hühnchen streiken. „In dieser brütenden Hitze setze ich mich doch nicht ohne Sonnenschutz auf diesen heißen Beton“, stöhnt Eule schwitzend.

„Mich kriegt da auch keiner hin“, schließt sich Hühnchen an.

Wir verabreden, dass ich nach gut zwei Stunden auf dem „Betongrill“ wieder zu ihnen stoße. Erst aber ist Abkühlung angesagt. Kurz abduschen, das ist hier Pflicht, dann mit einem verbesserungswürdigen Kopfsprung ab ins Wasser. Nach dem Auftauchen höre ich neben mir eine Stimme: „Nicht schlecht, lässt sich aber mit etwas Übung noch verbessern. Es ist das Mädchen mit den wunderbaren braunen Augen und dem fast schwarzem Haar. Sie schwimmt an den Beckenrand, stützt beide Hände auf dem Rand ab, schlängelt sich aus dem Wasser, schüttelt kurz ihr Haar, geht dann auf die Gruppe von Mädchen und Jungen aus ihrer Klasse zu und legt sich bäuchlings auf ihr Handtuch.

Schade, ich sitze etwa zehn Meter entfernt von der Gruppe. Aber nicht zu weit weg, um sie doch noch gut zu beobachten. Als in der Gruppe eine kleine, freundschaftliche Rangelei ausbricht, steht die braun gebrannte Schwimmerin in ihrem knappen Badeanzug auf, macht drei bis vier kurze Schritte und stürzt sich mit einem elegantem, fast delfinartigen Kopfsprung ins kühle Nass. Noch nie habe ich einen so gekonnten Kopfsprung gesehen. Von der gegenüberliegenden Seite am zehn Meter Turm höre ich das laute Pfeifen von Hühnchen. Das Zeichen, endlich die Terrasse zu verlassen und zu ihnen zu stoßen.

Den Rest des Tages nerve ich die beiden mit meiner Schwärmerei für dieses Mädchen.

Diese Woche habe ich Nuschadienst. Also unsere kleine Hundedame füttern, das langhaarige Fell ausbürsten und natürlich Gassi gehen. „Bitte nicht immer die kleine Runde. Nuscha braucht wirklich mal lange Spaziergänge. Mindestens eine Stunde“, schickt mich meine Mutter los.

Also angeleint und los geht es. Udonenstraße, Chaukenstraße, Angelnstraße und weiter Richtung Sportplatz Camper Höhe. Auf dem Sportplatz kann ich Nuscha endlich frei laufen lassen, ohne auf den Verkehr zu achten. Wir sind aber nicht allein auf dem Platz. Kaum ist sie ihre Leine los, läuft sie auf die Person mit dem Langhaardackel zu. Beide beschnuppern sich und fangen an zu spielen. Fegen wie die verrückten in großen Kreisen um das für mich fremde Frauchen. Erst, als ich näherkomme, erkenne die Person. Es ist das Mädchen aus dem Freibad. Die mit dem unglaublichen Kopfsprung. „Hallo, wir kennen uns doch aus der Schule und dem Freibad. Ich bin Marlis und du bist Ulli Renner. Habe mich nach dir erkundigt. Wusste aber nicht, dass ihr auch einen Hund habt“, begrüßt sie mich und gibt mir die Hand.

„Es gibt ja doch kleine Wunder. Habe mir gewünscht, dich mal ohne deine Clique zu treffen“, erwidere ich ihre Begrüßung.

„Gehst du immer hier Gassi mit eurem Hund oder war das Zufall?“, möchte sie von mir wissen.

„Ab heute werde ich wohl immer zum Stadion kommen. Wir können uns ja regelmäßig hier treffen“, schlage ich vor und wundere mich selbst über meinen Mut.

„Das wollte ich dir auch gerade vorschlagen“, strahlt Marlis über das ganze Gesicht.

„Mein Zwillingsbruder wird sich wundern. Ab sofort braucht er nicht mehr mit unserem Hund Gassi gehen“, erkläre ich ihr. „Dann fangen wir unsere Bestien mal wieder ein, bevor sie uns noch davonlaufen“, fordere ich Marlis auf.

„Wie gut, dass sich unsere Hunde verstehen und miteinander toben können. Genau so wie wir“, wünscht sich Marlis.

„Hä? miteinander toben“, necke ich sie.

„Hau bloß ab mit deinem Kläffer. Also bis morgen. Aber erst um 18 Uhr. Es ist dann nicht mehr so warm für unsere Hunde“, verabschiedet sie sich.

Mit Nuscha an der Leine trete ich den Heimweg an. Außer Sichtweite fange ich doch tatsächlich an vor lauter Freude zu summen, zu pfeifen und auch noch wie ein Kleinkind zu hüpfen. Mich hat es voll erwischt.

Mein Bruder staunt nicht schlecht, als ich ihm erzähle, dass er ab sofort vom Gassi gehen befreit ist und ich nun täglich meine Runden drehen werde. Der Sommer meint es wirklich gut mit uns. Besser gesagt mit mir. Bis zum Nachmittag steht Freibad mit meinen Freunden auf dem Plan. Da sehe ich Marlis nur kurz im Wasser oder am Sprungturm. Und am frühen Abend habe ich sie dann für mich alleine. Wir unterhalten uns gern über unsere hirnverbrannten Lehrkräfte an der Realschule Stade. Jeder hat da schon einiges erlebt. Musik, Mode und Ereignisse des Tages sind auch Themen, über die wir reden können. Und natürlich über ihre Freude am Ballett. Zwei- bis dreimal in der Woche ist intensives Training angesagt. Unsere Hundespaziergänge werden jetzt immer länger. Teilweise nehmen wir vom Sportplatz aus die Fritz-Reuter-Straße in Richtung Innenstadt, kehren dann über die Harburger Straße und Sachsenstraße wieder zum Sportplatz Camper Höhe zurück. Wie von selbst, ohne Absprache, gehen wir Hand in Hand.

Zum Abschied traue ich mich aber noch immer nicht, sie zu küssen.

Wie jedes Jahr werden die Fahrgeschäfte und Buden auf dem Platz Am Sande vor dem Kreishaus aufgebaut. Es ist Jahrmarkt, Kirmes oder auch Rummel, wie manche sagen. Egal, das ist ein Pflichttermin. Sehen und gesehen werden ist uns wichtig. Eule hat wieder Geld von seinem Opa „geborgt“, wie er das nennt. Unglaubliche fünfzig Mark.

Von dem vielem Geld möchte ich aber nicht eine müde Mark haben. Meine Barschaft reicht für gebrannte Mandeln, Autoskooter und ein riesiges Eis. Schon in der Bahnhofstraße hören wir das Gewirr der verschiedenen Musiktitel der jeweiligen Buden und Fahrgeschäfte.

„Wollte deine Flamme nicht eigentlich mitkommen?“, fragt mich Eule unvermittelt.

„Wir haben uns verabredet. Treffen an der Raketenbahn. Da ist immer die beste Musik.“

Ich freue mich schon auf meine Marlis. Es ist gerammelt voll. Kaum ein Durchkommen. Elendes Geschiebe im Schneckentempo.

„Habe schon einige aus unserer Siedlung gesehen“, schreie ich gegen die laute Musik an.

„Wen hast du gesehen?“, möchte Eule von mir wissen. Ich winke ab. „Viel zu laut hier. Erzähle ich dir später“, rufe ich ihm zu. Endlich haben wir uns zur Raketenbahn durchgewurschtelt. Die dumpfen Bässe der Musikanlage bestimmen den Herzschlag. Ich halte Ausschau nach Marlis. Meine Augen tasten die dichte Menschenmenge rund um die Raketenbahn ab und verharren auf halber Höhe neben dem Kassenhäuschen. „Nein, nein, das ist nicht meine Marlis. Das kann und darf nicht sein“, sage ich zu mir und kann den Blick nicht abwenden. Gleich neben einem älteren Pärchen stehen Stefan Ost und meine Marlis eng umschlungen, turteln und küssen sich pausenlos.

„Ich muss hier sofort weg“, signalisiere ich Eule und drehe mich auf dem Absatz um. Boxe mich zum nächsten Ausgang durch und stehe mit Tränen erfüllten Augen am

Kreishauseingang. Eule erscheint nun ebenfalls am Eingang. „Große Scheiße, wie? Und was machen wir jetzt?“, möchte er von mir wissen.

„Bleib du mal hier und amüsiere dich. Vielleicht findest du noch Hawi und Hühnchen, die sind bestimmt auch auf dem Markt. Ich aber verdufte und möchte nicht von Marlis gesehen werden“, verabschiede ich mich. Wie ein Traumwandler schleiche ich die Bahnhofstraße Richtung Sachsenviertel entlang. Als mir die Mutter von Marlis auf dem Lönsweg entgegenkommt, wechsle ich schnell die Straßenseite.

Auf ein Gespräch mit ihr kann ich heute und in Zukunft verzichten. Endlich zu Hause in der Graf-Thietmar-Straße.

„Was ist denn mit dir los?“, empfängt mich meine Mutter. „Siehst ja total verheult aus“, bohrt sie nach. „Werde dir die Tomatensuppe aufwärmen. Warme Suppe tröstet“, behauptet sie mit einem verschmitzten Lächeln. „Erzähl mal“, fordert sie mich auf und stellt den Teller an meinen Platz.

Als ich anfangen will, schießen mir wieder die Tränen in Augen und tropfen unaufhörlich in die Suppe. Schon nach dem ersten Löffel schiebe ich den Teller von mir weg. „Zu viel Salz in der Suppe. Schmeckt schaurig“, stelle ich fest.

„Kein Wunder, mein Ulrich. Deine salzigen Tränen sind die Ursache“, lacht meine Mutter.

„Für heute ist bei mir Sendepause. Will nichts mehr hören und sehen“, gebe ich zu verstehen. Dann verlasse ich die Küche und ziehe mich auf mein Zimmer zurück.

Rum und Drumherum

Montag. Der Beginn einer sehr traurigen Zeit. Am Sonntag haben wir unsere Mutter zum Bahnhof gebracht. Ein langer Aufenthalt in einer Klinik in Herdecke steht ihr bevor. Ihre Depressionen haben so zugenommen, dass eine Behandlung unumgänglich geworden ist. Wolfgang hat sie in Herdecke in Empfang genommen und sie zur Klinik begleitet. Für die nächsten Monate soll unsere Oma, Mutter von unserem Vater, den Haushalt führen. Aber schon im letzten Jahr hat sie ihre Probezeit bei uns total versemmelt. In den Fächern Kochen und Backen mussten wir ihr eine glatte Sechs verpassen. Heißes Wasser für Tee konnte sie tatsächlich ohne Beanstandung kochen. Wenn sie sich auf dem Hacken ihrer Beinprothese mit einer nie geglaubten Geschwindigkeit drehte, war Vorsicht angesagt. Zu hart sollten wir sie wirklich nicht verurteilen, kommt sie doch aus einem Haushalt mit Personal. Wenn Oma von Schlesien erzählt, hören wir immer von einer Köchin, einer Haushaltshilfe, die putzt, wäscht, näht usw. Einen Gärtner gab es auch, der ebenso als Kutscher eingesetzt wurde. Für die Kinder war eine Kinderfrau zuständig. Wie sie in Hamburg alleine immer klarkommt, kann ich nicht beurteilen. Vermutlich sind ihre beiden Töchter, die ebenfalls in Hamburg wohnen, häufiger im Einsatz. Die letzten Jahre hat sie sich einige lustige Marotten zugelegt. Isst sie eine Scheibe Brot mit Belag, also Käse oder Wurst, dreht sie das Brot so um, dass zuerst die Zunge den Geschmack der Wurst oder des Käses erhält. Auch dreht sie ihre Unterbekleidung auf links, damit die Nähte nicht so drücken. Ihr Geld hat sie in Briefumschlägen in ihrer Handtasche. Alle Umschläge sind beschriftet. Hunderter, Fünfziger, Zwanziger und Zehner.

Gemeint sind die Geldscheine. „Zur besseren Kontrolle“, wie Oma sagt. Manchmal, wenn sie ins Schlesische verfällt, können wir sie kaum verstehen. Sie wohnte früher in Züllichau in der komischen Tschicherzigerstraße 6. Eine Kostprobe: Pursche, Poor, schiene, Freitich, foorn. Soll heißen: Bursche, Paar, schöne, Freitag, fahren. Verstanden? Schläscher Sträselkucha und Kartoffelkließla kann man schon eher verstehen. Ist aber auch ziemlich lustig.

Für das Mittagessen in der Woche, hat uns daher unser Vater beim Lehrlingsheim Hinterm Hagedorn angemeldet. Für die Wochenenden aber hat uns unsere liebe Mutter einige leichte Rezepte aufgeschrieben. Die können wir dann mit unserem Vater nachkochen (Rezepte im Anhang).

Gleich nach Schulschluss sollen wir, ohne zu bummeln dort auflaufen. Das Gebäude hinter dem Stader Rathaus hat ein kleines Schild neben dem Eingang mit der Aufschrift Lehrlingsheim. Also ist es für uns leicht zu finden. Vorsichtig, etwas schüchtern, betreten wir das Haus. Der angenehme Duft von Kartoffelpuffern zeigt uns den Weg.

„Hallo, ihr zwei. Ihr seid bestimmt die Renner-Jungs. Kommt und holt euch so viele Puffer, wir ihr wollt. Es werden laufend neue, warme Puffer für euch gebraten“, begrüßt uns sehr herzlich eine rundliche Frau im weißen Kittel. Wir hauen mächtig rein und sind bald völlig abgefüllt. „Ich habe hier den Plan für die ganze Woche“, übergibt sie uns ein Blatt. Kartoffelsuppe mit Würstchen, Kotelett mit Erbsen und Kartoffelbrei, Hähnchenschnitzel mit Mischgemüse, Rippchen mit Sauerkraut, Senfeier und Kabeljau gebraten mit Salzkartoffeln.

„Das ist ja wirklich nicht schlecht“, erkennt Klaus, die kleine Fressmaschine in unserer Familie, nach eingehender Begutachtung des Speiseplans. Wir verlassen gemeinsam das Lehrlingsheim. Als wir über den Pferdemarkt gehen, verabschiedet Klaus sich von mir. „Ich habe mich mit Henry verabredet und besuche ihn in der Weidenstraße“, winkt er mir zu und biegt in die Pferdestraße ab. Ich will aber direkt nach Hause. In der Holzstraße treffe ich vor dem Eingang des Kaufhauses meine beiden Freunde Hawi und Hühnchen. „Was habt ihr denn auf dem Zettel?“, will ich von ihnen wissen.

„Ich habe eine Wette mit meiner großen Schwester laufen. Sie glaubt nicht, dass ich oben im Restaurant Alkohol bekomme“, erzählt mir Hühnchen voller Vorfreude auf das bevorstehende Erlebnis.

„Da komm ich doch glatt mit“, erkläre ich den beiden.

Also marschieren wir die Treppen hoch zum Restaurant und setzen uns an einen der Tische ziemlich nah zum Ausgang hin. Wir sitzen kaum, als der Kellner schon angerauscht kommt.

„Der wirft uns gleich raus“, raunt mir Hawi zu.

Denkste! „Was darf ich den jungen Herren denn bringen?“, fragt er uns mit einer etwas schleimigen Art.

Hühnchen holt tief Luft und bestellt dann mit forschem Ton: „Drei Rum bitte.“

„Der junge Herr meint Cola-Rum?“, möchte er wissen.

„Nein, drei Rum pur bitte“, erklärt er dem verdutzten Ober. Der dreht sich auf dem Absatz um und verschwindet hinter dem Tresen. „Der kommt nicht wieder“, unke ich. Doch kaum gesagt, stehen doch tatsächlich drei Rum vor uns. „ Zum Wohl, die Herren“, wünscht er uns mit einem breiten Grinsen und geht zum Tisch am Fenster, um zu kassieren.

Auf dem Rückweg erkennt er die lässig erhobene Hand von Hühnchen. Die drei Finger signalisieren ihm, noch mal das Gleiche. Prompt stehen drei weitere Rum auf dem Tisch.

„Ich darf kassieren?“, fragt er Hühnchen.

„Ja, schon. Aber erst bringen sie uns bitte noch drei Rum, Herr Ober“, verlangt er von der Bedienung und bezahlt die neun Gläser Rum.

Wir kippen auch dieses dritte Glas wie Profis herunter und begeben uns zur Rolltreppe.

„Ich merke überhaupt nichts“, lasse ich die beiden wissen.

Unten an der frischen Luft bemerken wir nun aber doch die Wirkung des Alkohols. „Huch, etwas schwindelig ist mir schon“, bekenne ich den beiden.

„Geht mir auch so“, gibt Hawi zu.

„Ihr könnt einfach keinen Alkohol vertragen, ihr Schnullerbacken. Die Wette habe ich gewonnen. Meine Schwester kann löhnen. Eine Kinokarte für das Zeughaus habe ich gewonnen. Ihr seid meine Zeugen“, brüstet sich Hühnchen.

Als wir auf der Bahnhofstraße den Burggraben überqueren, erkennen wir die ewig geschlossenen Schranken. Ein Übel für den gesamten Durchgangsverkehr in Stade. Rechts vom Bahnübergang, am Ende der Eisenbahnstraße, steht wie immer der Verkaufsstand mit Eis und anderen Leckereien. Bei Wind und Wetter steht der zweirädrige Karren mit dem älteren Herrn neben dem Bahndamm. Mein Favorit bei ihm ist der Waffelbruch. Heute aber habe ich keinen Appetit auf Waffelbruch. Mir ist ziemlich übel.

Meinen Freunden geht es auch nicht besser. Selbst Hühnchen gibt nun zu, dass sie ihm doch nicht so gut bekommen sind, diese drei Gläser Rum. Etwas schwindelig hänge ich mich mit beiden Armen wie ein nasser Sack über den Holm der geschlossenen Schranke. Der Zug aus Cuxhaven fährt ein. Nichts passiert. Dann rangiert eine Lok hin und her.

Erst als der Zug von Gleis 1 in Richtung Cuxhaven den Bahnhof verlassen hat, ertönt das Klingelzeichen und die Schranke beginnt sich zu öffnen. Das bemerke ich verdammt spät. Ich bleibe dadurch mit den Knöpfen meiner Jacke hinter den Zugseilen der Schranke hängen und werde mit angehoben. Und so hänge ich nach kurzer Zeit gut einen Meter hoch über dem Erdboden. Befreien kann ich mich erst, als die Knöpfe mit einem Knall von der Jacke abreißen und ich wie ein Sack vom Holm falle. Hawi und Hühnchen können sich kaum halten vor Schadenfreude und gackern wie verrückte Hühner. Ich sammle die Knöpfe auf und bemerke durch das Bücken, dass mir kotzübel ist.

„Ich will nur noch nach Hause“, gebe ich den beiden zu verstehen und beschleunige meine Schritte. In der Grünanlage an der Harburger Straße kann ich es nicht mehr verhindern und muss mich übergeben. Ich würge und spucke wie verrückt. Als ich zur Seite schaue, erkenne ich zwei Mitstreiter. Hawi und Hühnchen übergeben sich nun ebenfalls.

„Soll ich einen Krankenwagen holen?“, fragt mich eine besorgte ältere Dame aus einem Auto heraus.

„Nein, nein, geht schon wieder“, beteure ich und Hawi und Hühnchen nicken. Dann erkennt Frau Kuhnke uns und erklärt sich bereit, uns in die Sachsenstraße zu fahren. Wir lehnen dankend ab. „Sonst spucken wir noch das Auto voll“, begründe ich die Absage. Wir winken ihr noch kurz zu und machen uns dann auf den Weg. „Nie wieder Alkohol“, meint Hawi und wir stimmen ihm zu. Nie wieder! Zum Glück wird meine Mutter nichts von der Sauferei erfahren.

Rache ist nass

Die Realschule an der Wallstraße platzt aus allen Nähten. Ein Neubau ist geplant. Bis zur Fertigstellung einer neuen Schule auf der Camper Höhe werden wohl noch einige Jahre vergehen. Klassenräume gibt es in der Volksschule I gleich nebenan und auf der Erleninsel. Zum Glück ist der blöde Unterricht am Nachmittag für mich vorbei. Meine Klasse hat für dieses Schuljahr Unterricht auf der Erleninsel. Die Lehrkräfte müssen also vor der Stunde immer eine kleine Strecke von der Wallstraße bis zur Insel laufen. Das Lehrerkollegium ist eine bunte Mischung aus älteren und sehr jungen Pädagogen. Quereinsteiger, bedingt durch den Lehrermangel, gibt es auch. Zur unfreiwilligen Belustigungen tragen besonders zwei altgediente Pauker aus dem ehemaligen Ostpreußen bei. Zum einen der von allen Schülern nur Benno benannte Schulmeister für Erdkunde, Biologie, Werken und Sport. Im Sport hat er sich durch seine strengen, fast militärischen Stunden, keine Freunde gemacht. In der kleinen Turnhalle bauen wir oft vier Stationen auf. Barren, Kasten, Reck und Matte. Je eine Riege stellt sich vor das Übungsgerät. Ich habe gute Karten bei Benno und darf immer den Vorturner spielen. In der rechten Hand hat er immer ein Sprungseil. Damit geht er die Reihen ab und schlägt beim kleinsten Geräusch nach links und rechts auf die Schüler ein.
„Wer briiieselt da?“ Soll heißen, wer spricht da? Wenn dann absolute Ruhe eingekehrt ist, erschallt sein Kommando: „Riegee aaans Gerät. Und übt, übt, übt, übt, übt.“ Wir können uns nur schwer das Lachen verkneifen.

Als ich dann mit meiner neuen Lederhose und dem von

meiner Mutter gestrickten Pullover im Unterricht sitze, kommt er auf mich zu, und brüllt mich an: „Steh sofort auf.“ Als ich stehe, geht es weiter: „Mutter kauft fähne Hose, Mutter strickt fähnen Pullover und Sohn ist faul. Setzen!“

Kein Lachen der Klasse. Erst als er das Klassenzimmer verlässt, bricht Jubel aus.

Sein Landsmann Herr Bohrend ist auch ein ziemlich schlimmer Finger. Seine Vorliebe für die Mädchen im Allgemeinen und die in unser Klasse ist unübersehbar. Die Jungen haben einen schweren Stand bei ihm. Oft bin ich sein Opfer. Besonders verspielt habe ich, durch meine gekauften, getrockneten Wasserflöhe für das schuleigene Aquarium. Alle Klassenkameraden aus den umliegenden Dörfern von Stade haben natürlich lebende Wasserflöhe aus den Teichen mitgebracht. Ich kann machen, was ich will, ich habe keine Chance mehr bei ihm.

Zum Beispiel die Hausaufgabe in Biologie: zehn Blätter von heimischen Baumarten sammeln, pressen und auf ein DinA4-Blatt kleben. Ich habe nur Sieben Blätter, habe aber die Blätter in einen schönen gezeichneten Rahmen geklebt, mit einer Schablone beschriftet und in eine tolle Mappe geheftet.

Heute ist Hausaufgabenkontrolle. Herr Bohrend geht die Bankreihen ab und lässt sich die Sammlungen zeigen. Bei mir angekommen, zählt er nur die Menge der Blätter und poltert dann los: „Na, nun habe ich ihn erwischt, diesen faulen Schuljääst. Ich wärd säh ausrotten de Schuljääster. Wääs schon, wirst kriegen äähne Fünf.“

Dagmar hat ihre Sammlung vergessen und ruft nach Hilfe. Ich reiche heimliche meine Blätter weiter durch die Bänke bis zu Dagmar. Bei Dagmar angekommen zeigt sie nun meine Mappe vor. „Fääines Määdchen, haste schään jemacht. Mit jemaalten Rahmen und Schrift. Wirst kriegen äähne zwei“, säuselt er und streicht ihr über den Kopf.

Der Chemie- und Mathematikunterricht bei Herrn Dr. Zuluster, einem Quereinsteiger aus der Chemie, ist auch eine Geschichte wert. Vom Schlosser, Vater eines Schülers, lässt er drei Umhängeschilder mit Kette fertigen. Aufschrift: 1.Schwachmathikus, 2.Maikäferschiss und 3. Träntier.

Der Letzte beim Kopfrechnen bekommt das Schild umgehängt und hat es den ganzen Tag, auch in den Pausen, um. Wer sich vor kleinen Tieren ekelt und sich ängstlich verhält, bekommt ebenfalls ein Schild um den Hals. Das Schild Träntier erhält natürlich einer, der bei jeder Gelegenheit heult. Besonders ekelhaft ist eine andere Macke von ihm. Bei Klassenarbeiten geht er den Mittelgang, zur Kontrolle, auf und ab und zieht dabei, mit einem widerlichen, lauten Geräusch, den Schnodder aus dem Rachenraum und Nase hoch. Und dieser Mann ist Rektor einer Schule.

Natürlich gibt es auch Lehrkräfte, die sehr beliebt sind. Ein junger Lehrer aus Dresden hat mit seiner erfrischenden Art den Unterricht zu gestalten, viel Lob erhalten und kommt bei unseren Mädchen besonders gut an.

Neueste Nachricht aus dem Lehrerzimmer. Benno ist krank und es wird eine Vertretung für Erdkunde geben. In den Pausen auf der Erleninsel werden wir, bei Lehrerwechsel, von einer Schülerin aus der zehnten Klasse beaufsichtigt. So auch heute. Wir bleiben im Klassenzimmer, weil es heftig regnet. Als die Tür aufgeht und ein junges Gesicht hereinschaut und um sofortige Ruhe bittet, schiebe ich die Aufsicht aus der zehnten Klasse wieder zur Tür hinaus.

Auch beim zweiten Mal bin ich unerbittlich und schubse sie erneut vor die Tür.

Mittlerweile habe ich mich aber wieder an meinen Platz begeben. Plötzlich steht dieses Babygesicht am Lehrertisch und ruft mit lauter Stimme: „Ruhe, augenblicklich Ruhe. Ich bin eure neue Lehrerin. Vertretung für Erdkunde."

Wir sehen uns alle schockiert an und ich bekomme eine rote Birne. „Deinen Namen hätte ich gern", zeigt sie auf mich.

„Ulrich Renner", antworte ich wie gewünscht.

„Ich bin Frau Holter", gibt sie ihren Namen bekannt und schreibt ihn an die Tafel. „Was habt ihr die letzten Stunden in Erdkunde durchgenommen", fragt sie in die Runde.

„UDSSR", informiert Dagmar sie.

„Gut, wir werden in dieser Stunde alles nochmal auffrischen und in einer Woche einen Test über das Gelernte schreiben", lässt sie uns wissen und beginnt mit dem Unterricht.

In der Pause bedauern mich meine Mitschüler. „Das ist ja ein Traumstart für dich. Das wird sie dir sehr übel nehmen", orakelt Henry und klopft mir tröstend auf die Schulter.

„Ich werde lernen, lernen und dann kann sie mich mal", kündige ich an.

In der Pause vor dem Test schaue ich mir, mit meinem Tischnachbarn, noch einmal mein ausgearbeitetes Blatt zum Lernen an und lege es in das Hausaufgabenheft.

„Hefte raus. Wir schreiben den Test ins Aufgabenheft, damit ich gleichzeitig sehe, wie ihr arbeitet", fordert sie uns auf.

So ein leichter Test. Gut, dass ich so viel gelernt habe. Bestimmt eine tolle Zensur, denke ich. Plötzlich durchfährt mich ein Blitz. Der Zettel im Heft. Wenn sie den findet, glaubt sie unweigerlich an Mogelei. Im Moment ist sie mit dem Eintrag ins Klassenbuch beschäftigt. Die Gelegenheit.

„Frau Holter“, melde ich mich. „Habe mein Löschblatt vergessen reinzulegen“, wedel ich mit dem Blatt und komme an den Lehrertisch, suche mein Heft, nehme meinen Lernzettel raus und das Löschblatt rein. Derweil macht Frau Holter Eintragungen ins Klassenbuch. Dann mache ich den Kardinalfehler, indem ich hinter ihrem Rücken das Blatt ziemlich laut zerknülle.

„Sofort gibst du mir den Zettel, den, den du eben aus dem Heft genommen hast“, fordert sie mich mit Nachdruck auf. „Habe ich mir doch gleich gedacht. Betrug nennt man das. Die Sechs werde ich gleich eintragen und einen Vermerk ins Klassenbuch schreiben. Du bekommst nächste Woche eine letzte Chance, deine Zensur noch zu verbessern. Ich werde dich dann mündlich prüfen“, beendet sie ihre Ansprache.

Tatsächlich kommt es am Montag zur mündlichen Prüfung. Die große UDSSR-Karte wird auf den Kartenständer gehängt. „Damit es fair zugeht, wird jetzt die Klasse Städte und Flüsse nennen und du zeigst sie mir auf der Karte“, fordert nun Frau Holter die Klasse und mich auf.

Emsiges Suchen meiner Mitschüler. Um zu glänzen, finden sie in ihren Atlanten die kleinsten, unbekanntesten Städte und Flüsse.

„Kenne ich nicht. Habe ich noch nie gehört. Kann ich nicht finden“, suche ich verzweifelt auf der großen Karte.

Du lässt mir keine Wahl. Wieder eine Sechs“, bekomme ich das Resultat zu hören. Ich bin kein Prophet, aber das ist die zweite Fünf im Zeugnis. Die Quittung ist eine Ehrenrunde in der Schule. Gemeint ist nicht versetzt.

Meine Mutter hat es schon geahnt und ist nicht sonderlich

sauer auf mich. „Du wirst dich hoffentlich im nächsten Jahr ordentlich auf den Hosenboden setzen und vernünftig lernen“, ist ihr einziger Kommentar. Bin ich froh, dass es kein so ellenlanges Gezeter gibt. Die Eingewöhnung in die neue Klasse ist mir ziemlich schnell gelungen, bin ich doch als guter Handballer willkommen. Frau Holter ist eigentlich kein Thema mehr. Kein Unterricht bei meiner erklärten Feindin. Die ersten Wochen im neuen Schuljahr sind vielversprechend, aber noch verbesserungswürdig.

Und dann sind sie wieder da, die heiß ersehnten Sommerferien. Wolfgang, mein sieben Jahre älterer Bruder, hat auch eine Woche Urlaub genommen. Zusammen sitzen wir am Schwimmbecken im Stader Freibad. „Da, da ist die blöde Ziege, die mir das Zeugnis vermasselt hat“, mache ich Wolfgang auf Frau Holter aufmerksam. Vorsichtig klettert sie die Leiter am Becken runter ins Wasser, macht einige zaghafte Schwimmzüge und paddelt dann wie eine lahme Ente zur Mitte hin.

Unaufgefordert springt Wolfgang auf, stürzt sich mit einem Kopfsprung ins Wasser und krault auf Frau Holter zu. Noch ehe sie sich der Gefahr bewusst ist, hat Wolfgang sie erreicht.

Mit beiden Händen drückt er sie kräftig unter Wasser. Nach gut fünfzehn Sekunden lässt er sie kurz hoch, um sie dann erneut zu dukern. Bevor sie erkennen kann, wer ihr da so übel mitgespielt hat, ist Wolfgang abgetaucht und an den Rand geschwommen. Prustend und nach Luft ringend steigt sie völlig verdattert aus dem Wasser. Als sie dann langsam Richtung Umkleidekabinen geht, ist Wolfgang wieder an meiner Seite. Ich strahle ihn an.

„Rache ist nass“, sage ich und gebe ihm das Handtuch. So ein schöner Tag.

Wissenswertes über die Renner

Keine „Ahnenforschung“, aber die Herkunft meiner Großeltern und Eltern möchte ich dir hier aufzeigen, mein lieber Sohn. Das Familienstammbuch -Renner- gibt darüber Auskunft. Die Eintragungen in blau hat meine Omi vorgenommen. Was natürlich nicht erlaubt war und bis heute verboten ist. Nur ein Standesamt darf Eintragungen in diesem Dokument vornehmen. Da die altdeutsche Schrift für deine, aber auch für meine Generation nur schwer lesbar ist, werde ich versuchen, sie zu entziffern.

Am 28. Oktober 1909 haben der Mühlentechniker Alfred Rudolf Renner, geboren am 02. August 1882 in Tiefhartmannsdorf, und Anna Marie Berta Meyer, geboren am 19. Februar 1889 in Züllichau, Kreis Schwiebus, in der Tschicherzigerstraße 6 geheiratet.

Aus dieser Ehe gingen sechs Kinder hervor, also meine Tanten und Onkel. Alle längst verstorben. Alle in Schlesien (heute Polen) geboren.

Also auch mein Vater Kurt Renner. Geboren am 07. Mai 1912 in Polsnitz, Schlesien. Verstorben am 28. Juli 1994 in Stade (82).

Meine Mutter, Elsa Renner, geborene Mandau. Geboren am 8. Mai 1917 in Thiergarten, ein kleiner Ort in Ostpreussen bei Angerburg. Verstorben am 08. Dezember 1994 (77). Ihr Vater war Eisenbahner und ihre Mutter Hausfrau. Aus dieser Ehe gingen neun Kinder hervor. Alle natürlich längst verstorben.

Kennengelernt haben sich Elsa und Kurt beim Tanz in der Kleinstadt Stargard (Polen). Kurt hatte das große Glück, nach erfolgreicher Musterung in die Wehrmacht aufgenommen zu werden. Das war damals bei der sehr großen Arbeitslosigkeit wie ein Sechser im Lotto.

Stationiert war er in Stargard, wo ihm dann die Elsa Mandau über den Weg lief.

Als meine Mutter mit Wolfgang (dein verstorbener Onkel) schwanger wurde, musste, nach der damaligen Moralvorstellung, der Kurt die Elsa heiraten. Für die Renner aus Schlesien ein großes Unglück. Das war in ihren Augen einfach nicht standesgemäß und so rümpften die Eltern und die Geschwister die Nase.

Geheiratet wurde am 14. Sept. 1940 in Stargard. Da war Wolfgang, am 09. Juli 1940 geboren, schon dabei. Meine Mutter war damals 23 Jahre, mein Vater 28 Jahre alt.

Deine Oma hat den Zweiten Weltkrieg und die schwere Flucht mit Wolfgang an ihrer Seite überlebt.

Ein Jahr vor Kriegsende verstarb Peterle, der kleine Bruder von Wolfgang, mit zwei Jahren an einer Lungenentzündung. Die Flucht aus Pommern, Stargard, führte sie nach Stade, weil mein Vater in der Nähe als Kriegsgefangener lebte. Deine Oma hat nie einen Beruf erlernt, hat aber für ihr Familie (drei Kinder und Mann) immer hart gearbeitet. Schwere Feldarbeit (Rosen veredeln) bei großer Hitze. Im Flüchtlingslager kochen, abwaschen und Essen austeilen in Stade-Süd. Später dann sehr viel Heimarbeit. Meistens bis spät in die Nacht hinein. Taschentücher als Geschenkpackungen falten und auf Pappe ziehen und in Klarsichtfolie verpacken. Fransen an lange Winterschals knüpfen. Jacken mit einer Strickmaschine stricken und ein Emblem aufsticken. Laufmaschen in Nylonstrümpfen der Frauen repassieren.

Dein Opa hatte eine Lehre als Groß- und Einzelhandelskaufmann absolviert. Trat dann aber ins sogenannte „100.000 Mann Heer“ der Wehrmacht unter Hitler ein. Bis zu Beginn des Zweiten Weltkrieges wurde er mehrfach befördert und ging als Oberfeldwebel an die Ostfront. Durch eine Schussverletzung wurde die Beweglichkeit seiner rechten Hand stark eingeschränkt. Eine weitere Verwundung durch Granatsplitter an der rechten Schläfe und im rechten Oberarm machte ihm lebenslang zu schaffen. Durch die Aufenthalte im Lazarett konnte er der Hölle von Stalingrad entkommen.

Nach Kriegsende kam er in ein englisches Gefangenenlager bei Hesedorf, Kreis Bremervörde. Der humane Umgang der Engländer mit den einstigen Gegnern war ein Segen. Gutes Essen, Sport und sogar Freigang am Wochenende zu Frau und Kind nach Stade. Und so wurden am 13. Juli 1947 Zwillinge in der Klinik Dr. Weber Neuburg-Straße geboren. Gewohnt wurde (durch Befehl der Stadtverwaltung) als Untermieter bei einer Stader Familie in der Kirchhofstraße. Ein Zimmer, Bad- und Küchennutzung mit den Hauptmietern. Deren „Freude“ über die Einquartierung der Flüchtlinge aus Pommern hielt sich natürlich in Grenzen. Besonders nachdem nun auch noch zwei Säuglinge die Wohnung bewohnten.

Nach Auflösung der Gefangenenlager in Hesedorf wurde der Standort wieder Kaserne der neuen Bundeswehr. Und damit auch der neue Arbeitsplatz (kurioserweise) meines Vaters in der Standortverwaltung. Dort blieb er bis zum Ausscheiden aus dem Berufsleben.

Die ersten Lebensjahre verbrachte ich also in der Kirchhofstraße in Stade. Meine ersten Erinnerungen vermischen sich naturgemäß mit den Erzählungen meiner Eltern und den selbst erlebten Ereignissen. Mein sieben Jahre älterer Bruder hatte nun einen schweren Stand. Vom Einzelkind zum Babysitter. Fast täglich nach der Schule und den Hausaufgaben musste Wolfgang uns im Kinderwagen durch die Gegend kutschieren. Am Wochenende übernahm dann mein Vater die Betreuung. Meine Mutter hatte nun den schwersten Job. Für fünf Personen kochen und waschen ohne Waschmaschine. Windeln für zwei Babys täglichen auskochen und auf dem Balkon aufhängen. Natürlich nur, wenn das Wetter schön war. Sonst hingen sie im gemeinsamen Bad. Da war Ärger vorprogrammiert.

Später, so mit zwei Jahren etwa gingen wir mit unserer Mutter gern auf den VFL-Sportplatz an der Schwinge und beobachteten die Schüler beim Sport. Besonders der Weitsprung faszinierte mich. Das wollte ich unbedingt nachmachen. Mit einem viel zu langen Anlauf rannte ich auf die Sprunggrube zu, machte dann abrupt genau auf dem Absprungbalken Halt und hüpfte mit einem kleinen Hopser in die Grube. Gemessene 50cm.

Beliebt war im Sommer auch das Bad in der nahen Schwinge. Die Badestelle mussten wir uns mit den Kühen auf der Wiese teilen. Nach dem Bad in der braunen Brühe (die Schwinge entspringt in einem Moor) mussten wir uns zuhause unbedingt waschen, damit wir nicht wie Afrikaner aussahen. Nach einem Starkregen (den gab es auch schon früher) waren die Tiefgaragen unter dem Mehrfamilienhaus total vollgelaufen. Die Feuerwehr musste kommen und die gewaltigen Wassermassen abpumpen. Für mich als dreijähriger Bursche ein sehr aufregendes Erlebnis. Mein nun zehnjähriger Bruder Wolfgang traf sich gern mit seinen Klassenkameraden nach der Schule. Oft entfernten sie sich vom Haus und kamen erst spät zurück. Sehr zum Ärger meiner ängstlichen Mutter. Die ganz große Schererei gab es eines Tages, als der Gärtner von der gegenüberliegenden Seite der Straße bei uns klingelte. Wolfgang und seine Freunde hatten vom naheliegendem, erhöhtem Bahndamm Schottersteine auf das gläserne Gewächshaus geworfen und einige Scheiben zerschlagen. Der Gärtner war ziemlich sauer und wollte den Schaden ersetzt bekommen. Bei uns armen Flüchtlingen war aber kein Geld zu holen. Daher schlug er vor, dass die Jungen nach der Schule in der Gärtnerei helfen sollten und so den Schaden begleichen könnten. Meine Eltern stimmten gerne zu.

Und dann gab es eines Tages eine tolle Nachricht. Wir sollten eine eigene Wohnung in Stade-Süd bekommen. Von den Vorbereitungen für den Umzug habe ich nichts mitbekommen, was wohl nur daran lag, dass wir so gut wie nichts hatten.

Nun begann eine neue Zeit für unsere Familie. Endlich eine eigene, kleine Wohnung im Block 5, 1. Etage. Von dieser Zeit an bis zum Umzug in das Reihenhaus in der Graf-Thietmar-Straße 10 im Udonenviertel gibt es doch einiges zu erzählen. Auch danach, bis zum Anfang der Berufsausbildung, hatte ich etliche Erlebnisse, die ich aufschreiben möchte.

Aus der Kindergartenzeit gibt es eigentlich nur eine erzählenswerte Episode. Ich war wohl vier Jahre alt und ging nicht gern in den Kindergarten. Nur wenn es Veranstaltungen wie ein Kasperletheater mit Kuchen und Brause gab. Und natürlich in der Vorweihnachtszeit, wenn gebastelt wurde, es Kakao und Kekse gab. Bauch- oder Kopfschmerzen halfen nur bedingt, der Zeit im Kindergarten zu entrinnen. Besonders blöd waren immer die langen Spaziergänge bei Wind und Wetter. Die bevorzugte Route ging vom Kindergarten in Richtung Sportplatz, dann am Haus vom Wachtmeister Gabrisch vorbei. Nächste Station war der Block 5 und danach ging es wieder zurück. Am Krankenhaus vorbei bis zum Kindergarten. Oft waren wir zwei Gruppen und zwei Erzieherinnen, die immer vorneweg marschierten, miteinander quatschten und uns nicht beaufsichtigten. Das war immer die Gelegenheit, ungesehen auszuscheren und zu verduften. Wenn wir an der Gärtnerei vorbei waren, stand quer zur Straße eine große Betonbox mit Stahltüren und Klappen. Das war die Müllbox für den ganzen Block 5. Das ideale Versteck, um nicht gefunden zu werden. Nachteil, ich stank wie ein Schweinehirt, der in die Jauche gefallen war. Die Begeisterung, mich zu sehen, war gleich null. Nach langem Bitten hat meine Mutter eingewilligt, dass die Kindergartenzeit für mich beendet wird. Sie ging mit mir zur Leiterin des Kindergartens und beschwerte sich über die nachlässige Aufsicht. Außerdem meldete mich meine Mutter mit der Begründung ab, ich solle noch das Jahr vor der Einschulung zuhause spielen und basteln. Mein Zwillingsbruder Klaus sollte aber unbedingt weiter in den Kindergarten gehen. „Frau Renner", sagte die Leiterin, „Ihr Sohn Ulrich ist ein ganz böses Früchtchen und wir weinen Ihrem Bengel keine Träne nach. Wir sind sehr froh über Ihre Entscheidung. Ihren Sohn Klaus aber haben wir gern bei uns. Er ist im Gegensatz zu Ulrich ein liebenswertes Kind."

Rezepte

„Arme Ritter“
Zutaten für 2-4 Personen:
150g Hartkäse gerieben (Parmesan oder ähnlich)
100g Mehl
1 Tasse Milch
2 Eier
Toast- oder Weißbrotscheiben (Vollkorn)
1 Prise Salz und Öl zum Braten.
Zubereitung:
Käse-Mehl-Milch-Eier und Salz werden mit etwas Wasser zu einem glatten Teig verarbeitet. Die Brotscheiben in den Teig tauchen. Nachdem sie sich so richtig voll gesaugt haben, werden sie im heißen Fett schön braun und knusperig gebraten.

„Eierkuchen Grundrezept“
Zutaten:
250g Mehl
1/2L Milch
2 Eigelb
2 Eiweiß
1 Prise Salz
Öl zum braten
Zubereitung:
Mehl klumpenfrei mit der Milch glattrühren. Die beiden Eigelb und das Salz hinzufügen. Das Eiweiß sehr steif schlagen und vorsichtig unter die Masse heben. Den Teig ca. 20 Minuten ruhen lassen. Dann im heißen Öl dünne Eierkuchen backen.
Fertige Eierkuchen mit Apfelmus oder Zucker servieren.

„Frikadellen“
Zutaten:
400g Hackfleisch
1 Ei
2 Esslöffel Paniermehl
1 Zwiebel
Salz, Pfeffer und nach Geschmack Majoran
Butterschmalz zum Braten.
Zubereitung:
Zwiebel sehr fein würfeln und in Butterschmalz kurz braten. Die Zwiebeln, das Ei, das Paniermehl und die Gewürze zum Hackfleisch geben und gut vermengen. Mit angefeuchteten Händen aus der Masse kleine, flache Frikadellen formen und in der Pfanne mit Butterschmalz braten. Dazu gibt Salzkartoffeln und Mischgemüse aus der Dose.

„Bratwurst mit Sauerkraut“
Zutaten:
Bratwurst nach Personenzahl
750g Sauerkraut
40g Speck
1 Zwiebel
1 Apfel
1 Prise Kümmel
Zubereitung:
Speck und Zwiebel fein würfeln und zum Sauerkraut geben. Geraspelten Apfel und den Kümmel ebenso. Zugedeckt ca. eine Stunde schmoren. Die Bratwurst mit einem scharfen Messer 5-6 mal quer einritzen und dann knusprig braten. Mehrmals wenden.
Dazu gibt es Salzkartoffeln.

„Senfeier“
Zutaten:
je 2 Eier nach Personenzahl
Senf mittelscharf aus dem Glas
2 EL Mehl
etwas Milch
2 EL Margarine
etwas Salz und Pfeffer
Zubereitung:
Die Eier in einem separaten Topf wachsweich kochen, (5 Min.) abschrecken und pellen. In einem Topf ca. zwei Esslöffel Margarine flüssig werden lassen. Das Mehl hinzufügen und mit dem Schneebesen verrühren, dass sich keine Klümpchen bilden. Mit der Milch ablöschen und kräftig rühren, bis alles schön cremig wird. Den Senf dazugeben, verrühren und eventuell noch etwas Milch nachgießen. Mit Salz und Pfeffer abschmecken. Die Sauce über die Eier gießen.
Dazu gibt Salzkartoffeln.

Kartoffelsalat mit Würstchen
Zutaten:
800g festkochende Kartoffeln
1 Zwiebel
100g Joghurt
1 EL Senf mittelscharf
80g Salatmayonnaise
120g Gewürzgurken fein gewürfelt
2 EL Gewürzgurken Sud
1 Prise Salz
Zubereitung:

Kartoffeln waschen und mit Schale ca. 20 Minuten zugedeckt kochen lassen. Auskühlen lassen, dann pellen und in feine Scheiben schneiden. Die Zwiebel sehr klein würfeln und in einer Schüssel mit kochendem Wasser übergießen. 1 Minute ziehen lassen, in ein Sieb gießen, abschrecken und abtropfen lassen. Joghurt, Senf, Mayonnaise und Salz in einer Schüssel verrühren. Gewürzgurken in feine Scheiben schneiden, Gurkenwasser und die Zwiebel mit in die Schüssel geben. Die Kartoffelscheiben mit der Sauce mischen und verrühren. Mindestens 1 Stunde ziehen lassen. Dazu Wiener oder Bockwürste essen.

„Kartoffelpuffer mit Apfelmus“
Zutaten für 4-6 Personen:
500g Kartoffeln festkochende
2 Eierkuchen
4 EL Haferflocken
Salz und eventuell Muskatnuss
Apfelmus
Butterschmalz
Zubereitung:
Rohe Kartoffeln grob reiben und leicht das Wasser aus der Masse drücken. Die Eier mit einer Gabel verquirlen und mit den Haferflocken unter die Kartoffeln mischen. Mit Salz und Muskatnuss würzen. Butterschmalz in der Pfanne erhitzen und 2-3 EL Kartoffelmasse hineingeben. Von beiden Seiten goldbraun backen. Die Kartoffelpuffer auf ein weiches Papier legen, damit das Fett etwas abtropfen kann. Mit Apfelmus anrichten.

Worte der Anerkennung

Ich danke meiner lieben Elisabeth für das Zuhören, Reden und die kritischen Anmerkungen.
Matthias für den Klappentext in Zusammenarbeit mit seiner Mutter.
Klaus, meinem Zwillingsbruder, für die Coverideen.